Computer Bild

Computent statt compliziert

Prinz & Fickler

Word 2002 ganz einfach

1 Installation — Word 2002 installieren und aktivieren 6

Installation 7
Aktivierung 10

2 Bedienung — Der erste Eindruck 13

Word starten 14
- Programmoberfläche 14
- Text eingeben 16
- Bewegen mit der Tastatur 17
- Schriftart und Schriftgröße 17

Umgang mit Dateien 18
- Speichern und Word beenden 18
- Dateien öffnen 20
- Der Aufgabenbereich 21

3 Textformat — Texte formvollendet gestalten 23

Markieren 24
- Markieren mit der Maus 24
- Markieren mit der Tastatur 25
- Markieren und Löschen 26

Zeichen und Absätze formatieren 27
- Texte hervorheben 27
- Textausrichtung 28
- Formatierung eines Wortes übernehmen 29
- Formatierung eines Absatzes übernehmen 29

Seiten gestalten 30
- Ansichten 30
- Seiten einrichten 31
- Spalten 32
- Kopf- und Fußzeilen einrichten 34
- Kopf- und Fußzeilen weiterbearbeiten 36
- Manuell umbrechen 38
- Silbentrennung 39

4 Korrekturhilfen — Fehlerfreie Texte schreiben 41

Unsichtbare Helfer 42
- Rechtschreibprüfung 42
- Grammatikprüfung 43
- Autokorrektur 43
- Auf Hilfe verzichten 44
- Nachträgliche Rechtschreibprüfung 44

Wörterbücher 46

Autokorrektur 49
- Löschen eines Eintrags 50
- Optionen und Ausnahmen 50

Autotext 51
- Autotext-Eintrag einfügen 51
- Autotext-Eintrag schneller einfügen 52
- Einträge erstellen 53
- Autotext-Einträge sicher und schnell 54

Thesaurus 54

Word und fremde Sprachen 56
- Übersetzen während der Arbeit 57

Text automatisch zusammenfassen 57

5 Suchfunktionen – Mit umfangreichen Texten arbeiten 60

Schnell zur passenden Seite 61
Suchen 61
Nach Formatierungen suchen 66
Sonderzeichen suchen 67
Ersetzen 67
Die Zwischenablage 69
Elemente aus der Zwischenablage löschen 70
Zwischenablage und Format 71
Zwischenablage und andere Dokumente ..72
Zusammenarbeit mit anderen Programmen 72
Zwischenablage und rechte Maustaste 74
Zwischenablage und Tastenkombinationen 74
Suchen in anderen Dokumenten 75
Genauer suchen 76
Die Suchergebnisse 77

6 Abbildungen – Inhalte von Dokumenten veranschaulichen 79

Zeichnen 80
Erste Striche 80
Die Grundelemente 81
Linien und Farben 81
Dimensionen und Effekte 84
Bilder von Scanner oder Kamera 85
Bilder und Textfluss 86
Bilddateien einfügen 88
Tabellen 89
Tabellen erstellen 89
Tabellen ausfüllen 90
Tabellen bearbeiten 91
Sortieren und Rechnen 93
Löschen 95

7 Drucken – Texte wunschgemäß ausdrucken 97

Einfach drucken 98
Druckoptionen 98
Druckerauswahl 98
Druckbereich 99
Seitenzahlen beim Druck 100
Mehrere Exemplare drucken 101
Beidseitiges Drucken 101
Die Zoomfunktionen 102
Felder aktualisieren 103
Seriendruck 104

8 Vorlagen – Mit Vorlagen und Assistenten schnell ans Ziel 109

Dokumentvorlagen 110
Standardvorlage 110
Noch mehr Vorlagen 112
Eigene Dokumentvorlagen 115
Absatzformatvorlagen ändern 116
Dokumente mit Assistenten erstellen 118

Anhang 121

Was ist eigentlich …? 121
Stichwortverzeichnis 126

Zu diesem Buch

Thomas Hoffmann
Herausgeber

Beim Textverarbeitungsprogramm „Word 2002" von Microsoft lag der Entwicklungsschwerpunkt auf der einfacheren Bedienbarkeit. Denn hinsichtlich des Funktionsumfangs ließen schon die Vorgänger kaum Wünsche offen. Ob Sie einfach nur Briefe oder umfangreiche Bücher mit Illustrationen und Tabellen oder sogar Internet-Seiten schreiben wollen, Word hat alle erdenklichen Funktionen dafür „an Bord". Nur müssen die erstmal in den Befehlsmenüs gefunden werden. In der Version 2002 stellt das Finden kein großes Problem mehr dar. Denn Word schlägt Ihnen im so genannten Aufgabenbereich schon die wichtigsten weiterführenden Aktionen vor, die Sie mit einem Mausklick ausführen können.

Mit diesem Buch kommen Sie noch schneller zu ansehnlichen Schriftstücken. Denn hier lernen Sie leicht verständlich die Grundlagen der Bedienung des Textprogramms. Sie erfahren, wie Sie Texte gestalten können, wie Sie die vielfältigen Korrekturhilfen des Programms nutzen, wie Sie Tabellen und Grafiken in Ihr Schreiben einfügen, es audrucken und wie Sie sich mit Vorlagen die Computerarbeit erleichtern können. Das Startkapitel über die Installation und Einrichtung des Programms ist vor allem für die interessant, die Word 2002 nicht vorinstalliert mit einem neuen Rechner gekauft haben. Die Informationen sind aber für jeden wichtig, wenn das Betriebsprogramm einmal neu installiert werden muss.

Alle Anleitungen lesen Sie, wie von COMPUTERBILD, Europas größter Computer-Zeitschrift, gewohnt, in sofort nachvollziehbarer Schritt-für-Schritt-Form. Auch auf die Erklärungen der rot markierten Fachbegriffe müssen Sie nicht verzichten. Nur finden Sie diese nicht wie in der Zeitschrift direkt in einer Extra-Spalte am Seitenrand, sondern alphabetisch geordnet als Anhang am Ende des Buchs.

1 Word 2002 installieren und aktivieren

Häufig wird beim Computerkauf die neueste Word-Version als Software-Zugabe angeboten. Word ist dann zumeist auch schon installiert und aktiviert. Sie können in diesem Fall gleich mit dem Kapitel 2 fortfahren. Wenn Sie Word dagegen erst nachträglich erstanden haben oder wenn Sie Word aus irgendeinem Grund erneut installieren oder aktivieren müssen, erfahren Sie in diesem Kapitel alles Wissenswerte.

Während die Installation von Software ein altes Lied ist und beinahe von jeher vor die erste Benutzung eines neuen Programms gesetzt ist, ist die Aktivierung eine neue Hürde, die der Benutzer zu meistern hat. Nachdem nämlich die Installation erfolgreich vollzogen wurde, können Sie zwar mit Word arbeiten, doch nach 50 Programmstarts hat dies ein Ende. Spätestens dann müssen Sie sich bei Microsoft melden und per **Internet** oder telefonisch eine 50stellige Installations-ID durchgeben, um eine beinahe ebenso lange Bestätigungs-ID zurückzuerhalten und einzutragen. Wer diesen Prozess übers Internet absolviert, spart sich die manuelle Eingabe, dafür muss er aber darauf vertrauen, dass wirklich nur die Daten übertragen werden, die er freigibt. Die Kontrolle darüber, was die Gegenseite erfährt, ist sicherlich beim Telefongespräch größer, aber unbequemer. Der Grund für das Ungemach, mit dem Microsoft den Anwender strapaziert, liegt darin, dass Raubkopien verhindert werden sollen. Und sicherlich ist die Rückmeldung ein - zumindest psychologischer - Hemmschuh, wenn es darum geht, Software zu installieren, deren Besitz- und Eigentumsverhältnisse - vorsichtig gesagt - nicht ganz geklärt sind.

Im ersten Kapitel dieses Buches erfahren Sie,

- wie Sie Word oder ein Office-Paket auf Ihrem Rechner installieren,
- und wie Sie sofort nach dem Programmstart oder auch erst später eine Aktivierung durchführen.

Kapitel-Wegweiser

Installation 7
Aktivierung 10

Installation

Word 2002 wird sowohl als Einzelprogramm als auch als Bestandteil des Microsoft-Office-Pakets angeboten. Da sich die Installation bei beiden Varianten praktisch nicht unterscheidet, wird in diesem Buch die Installation im Rahmen des Office-Pakets beschrieben.

1 Öffnen Sie die Schublade Ihres **CD-ROM**-Laufwerks, und nehmen Sie eine eventuell noch eingelegte CD heraus. Legen Sie dann die Installations-CD des Office-Pakets ein, und schließen Sie die Schublade wieder. Falls Ihr Computer sogar ein **DVD**-Laufwerk statt eines CD-ROM-Laufwerks hat, macht das keinen Unterschied. Auch ein DVD-Laufwerk kann die Installations-CD problemlos lesen.

2 Wenige Sekunden nach dem Einlegen der CD startet das Installationsprogramm automatisch.

→ Sollte dies nicht der Fall sein, weil die automatische Startoption für das CD-Laufwerk deaktiviert ist, klicken Sie zuerst auf

und danach auf den Eintrag

,

um Zugriff auf alle Laufwerke Ihres Computers zu erhalten. Damit das Installationsprogramm gestartet wird, folgt im Bereich

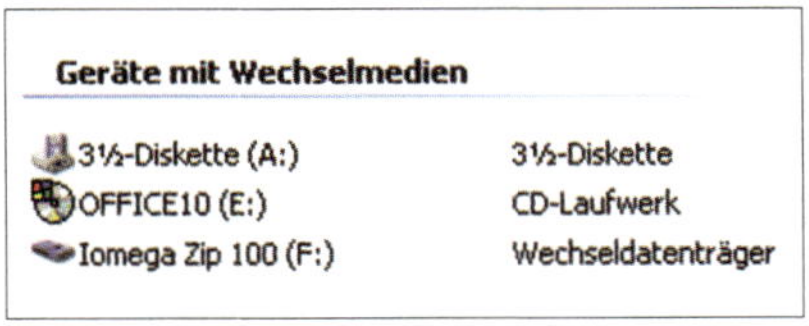

ein **Doppelklick** auf

.

3 Im oberen Teil des Dialogfensters können Sie Ihren Namen, Ihre Ini-

Wo ist der Installationsbildschirm?

Wenn statt des Installationsbildschirms der Inhalt der CD im Arbeitsplatzfenster angezeigt wird,

klicken Sie doppelt auf

.

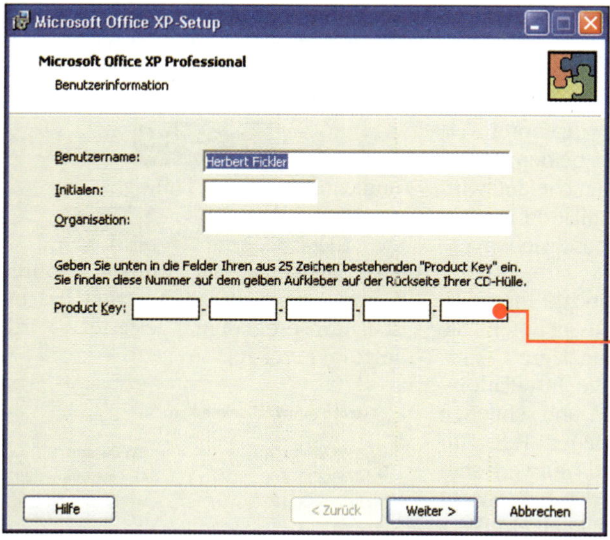

tialen oder Ihr Kürzel sowie Ihren Firmennamen eintragen.

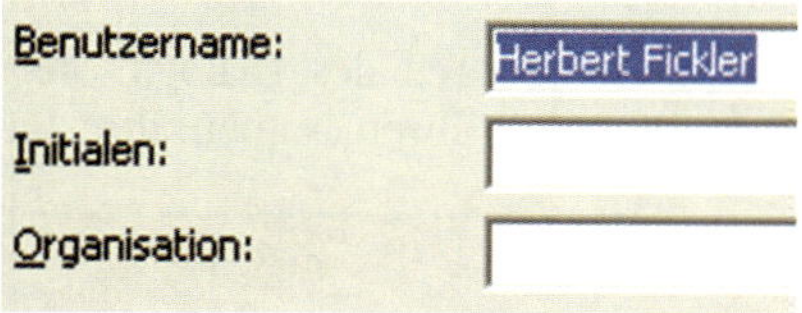

Eventuell übernimmt die Installations-Routine einige dieser persönlichen Daten aus Ihren Systemeinstellungen und unterbreitet Ihnen Vorschläge wie in der obigen Beispielabbildung. Aber daran brauchen Sie sich natürlich nicht zu halten. Sind die Einträge fehlerhaft, überschreiben Sie sie ruhig mit den korrekten Angaben. Word greift später bei manchen Arbeitsschritten auf diese Einträge zu und schlägt sie Ihnen vor. Doch selbst dann können Sie diese Vorschläge immer wieder verwerfen und mit anderen Angaben überschreiben.

4 Im unteren Bereich des Dialogfensters tippen Sie dann den Product Key ein.

Normalerweise ist dieser Product Key, also der Installationsschlüssel, auf der Rückseite der CD-Hülle aufgeklebt. Es handelt sich dabei um eine 25stellige Buchstaben- und Zahlenkombination, die Sie einfach von links nach rechts eintippen. Die **Einfügemarke** springt dabei nach fünf Zeichen automatisch zum nächsten Kästchen. Sind Sie damit fertig, klicken Sie auf

.

5 Wenn Sie mit den dann angezeigten Lizenzbedingungen einverstanden sind, klicken Sie die entsprechende Option an, damit ein Häkchen in dem Kästchen erscheint.

6 Mit einem Klick auf die Schaltfläche

gelangen Sie zum nächsten Fenster, in dem Sie die Installationsart auswählen können.

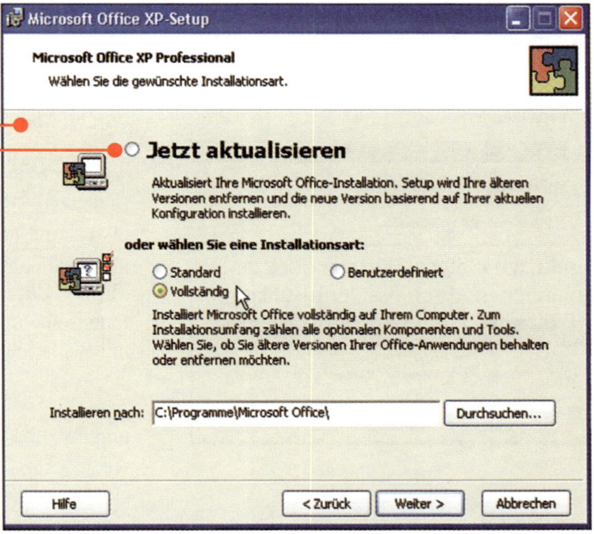

➔ Falls auf Ihrem PC bereits eine frühere Version des Office-Pakets vorhanden ist, wählen Sie per Mausklick die Option ●.

➔ Wenn Sie das Office-Paket das erste Mal installieren, haben Sie die Wahl zwischen der Standard-, der vollständigen oder der benutzerdefinierten Installation.

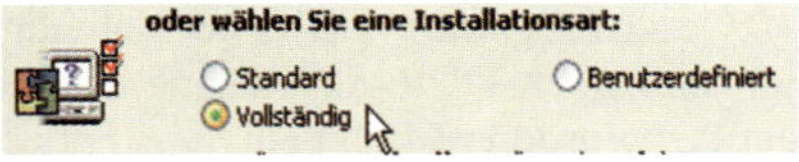

Sofern Sie genügend Platz auf Ihrer Festplatte haben, wählen Sie per Mausklick die Option

.

Dadurch ersparen Sie sich später lästige Nachinstallationen. Haben Sie nichts gegen den vorgeschlagenen Speicherort ●

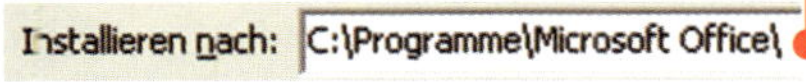

einzuwenden, fahren Sie mit einem Klick auf

fort. Der Installationsassistent errechnet daraufhin, wie viel Speicherplatz die von Ihnen gewählte Installationsart beansprucht und wie viel freier Platz nach der Installation auf der gewählten **Festplatte** verbleibt.

7 Sind Sie mit der Berechnung des Speicherplatzes einverstanden, klicken Sie auf

.

Wollen Sie hingegen noch Korrekturen am Installationsumfang oder am Speicherort vornehmen, klicken Sie auf

,

um zum entsprechenden Auswahlfenster zurückzublättern.

8 Nach dem Installationsstart informiert Sie der Assistent zunächst über den Fortschritt

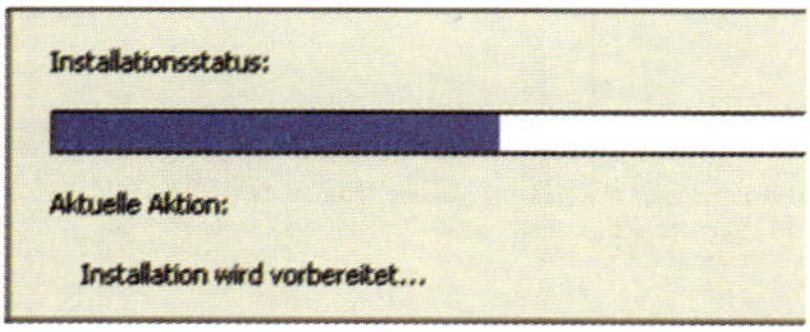

und nach einigen Minuten über den erfolgreichen Abschluss der Installation.

Aktivierung

Im Zuge der Bekämpfung von Software-Piraterie verlangt die Firma Microsoft, dass ihre Produkte aktiviert werden. Das bedeutet, dass Sie nach der Installation von Word 2002 oder auch Office XP mit Microsoft telefonisch oder per Internet Verbindung aufnehmen müssen, falls der Computerhändler diese Prozedur nicht schon für Sie erledigt hat. Aber keine Sorge: Gehen Sie nach der folgenden Anleitung vor, haben Sie dieses lästige Unterfangen in wenigen Minuten erledigt.

! Aktivierung erst später?

Falls Sie die Aktivierung erst später durchführen möchten, klicken Sie auf

.

Bedenken Sie jedoch, dass Sie Word insgesamt nur 50-mal starten können, wenn Sie keine Aktivierung durchführen. Um den Aktivierungs-Assistenten später aufzurufen, klicken Sie in der Menüleiste auf

und im aufklappenden Menü auf

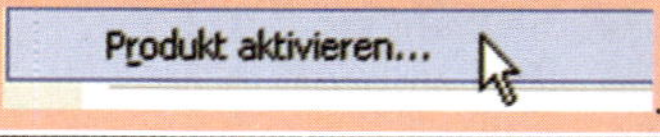

.

1 Wenn Sie Word 2002 oder ein anderes Office-Programm das erste Mal starten und noch keine Aktivierung durchgeführt wurde, erscheint ein Assistent.

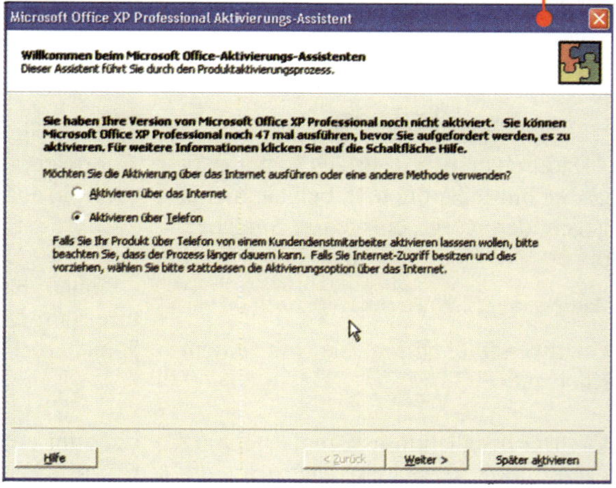

Die Aktivierung per Telefon ist die schnellste und einfachste Variante. Da Sie dieser Anruf zudem nichts kostet, wählen Sie per Mausklick die Option

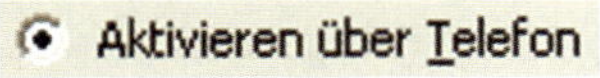

und klicken dann auf

.

2 Lesen Sie die folgende Informationsseite in aller Ruhe durch, und klicken Sie anschließend auf

.

3 Im Fenster, das daraufhin erscheint, bestimmen Sie zunächst Ihren Standort. Klicken Sie dazu auf , um sich eine Länderliste anzeigen zu lassen. Per Mausklick treffen Sie dann Ihre Wahl.

Rufen Sie danach die angezeigte Telefonnummer an.

4 Nun geben Sie dem Kundendienstmitarbeiter bei Microsoft die Installations-ID durch. Auch diese Nummer wird auf Ihrem Bildschirm angezeigt.

5 Daraufhin erhalten Sie telefonisch eine so genannte Bestätigungs-ID. Dabei handelt es sich um eine lange

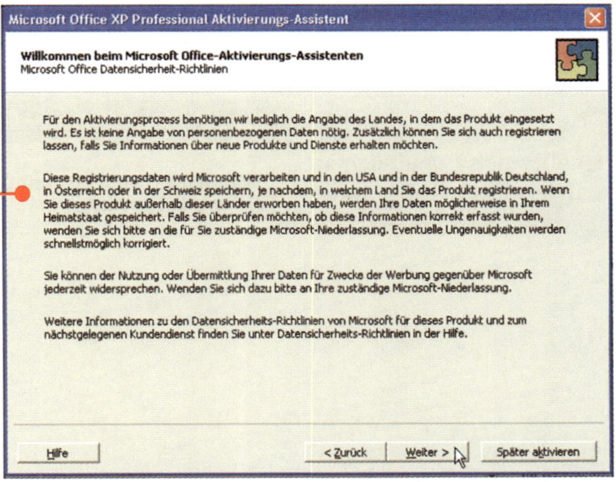

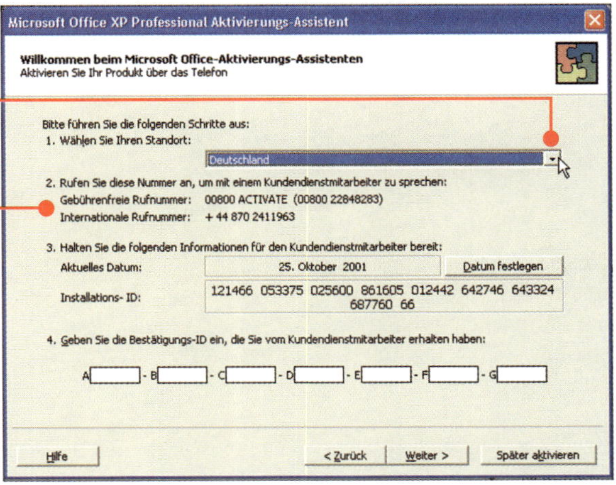

Zahlenreihe, die Sie sehr sorgfältig in das Feld

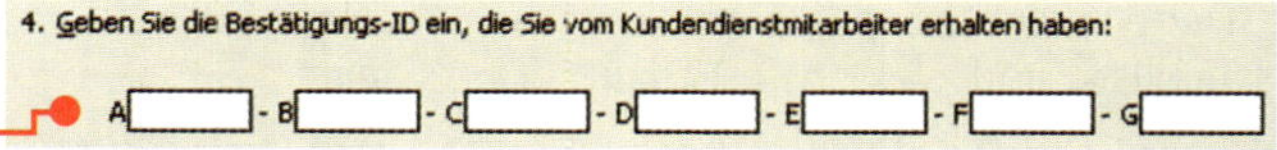

eintragen müssen. Um die Unterteilung in die verschiedenen Gruppen brauchen Sie sich dabei nicht zu kümmern, die Einfügemarke springt von alleine von Feld zu Feld. Wenn Sie die Bestätigungs-ID eingetippt haben, klicken Sie auf

.

6 Sobald Sie der Assistent über den erfolgreichen Aktivierungsvorgang informiert hat,

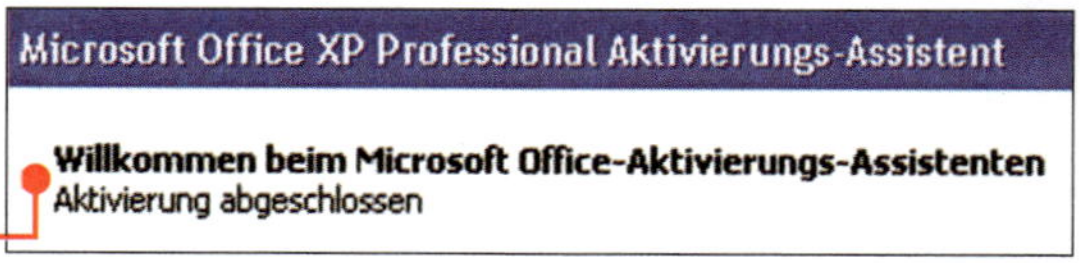

können Sie das Telefonat beenden. Mit einem Klick auf

schließen Sie das Assistentenfenster und können mit der eigentlichen Arbeit loslegen.

2 Der erste Eindruck

Aller Anfang muss nicht schwer sein. Denn wenn Sie **Word 2002** gestartet haben, können Sie im Prinzip sofort lostippen und, ausgestattet mit etwas Computererfahrung und Experimentierfreude, intuitiv gleich recht ordentliche Ergebnisse erzielen. Word 2002 bietet dem Nutzer jedoch wesentlich mehr Gestaltungsmöglichkeiten, als sich auf den ersten Blick erschließen lassen. Und eben darum lohnt sich eine intensive und systematische Beschäftigung mit dem Programm allemal und immer wieder.

Im zweiten Kapitel dieses Buches erfahren Sie,

- wie Sie Word 2002 starten,
- wie Sie das Erscheinungsbild des Programms beeinflussen,
- wie Sie Ihren ersten Text schreiben,
- und wie Sie Ihre Dokumente speichern.

Kapitel-Wegweiser

Word starten 14
Programmoberfläche 14
Text eingeben 16
Bewegen mit der Tastatur 17
Schriftart und Schriftgröße 17
Umgang mit Dateien 18
Speichern und Word beenden 18
Dateien öffnen 20
Der Aufgabenbereich 21

Word starten

Um das Programm Word zu starten, klicken Sie zunächst auf die Schaltfläche

, führen dann den Mauszeiger über

und klicken schließlich auf

.

Programmoberfläche

Eigentlich könnten Sie sofort loslegen, da Word beim Start automatisch ein leeres neues Dokument angelegt hat.

Bevor Sie sich jedoch Hals über Kopf in die Arbeit stürzen, sollten Sie sich mit der Programmoberfläche beschäftigen. Je vertrauter Ihnen die Bereiche des Programmfensters sind, desto leichter wird Ihnen in den folgenden Kapiteln die Orientierung fallen.

1 Ganz oben finden Sie die Titelzeile.

Wie bei Windows-Programmen üblich, enthält sie den Namen des Programms, in diesem Fall „Microsoft Word", und des derzeit geladenen Dokuments. Da Sie noch keinen Namen vergeben haben, steht momentan dort nur „Dokument 1".

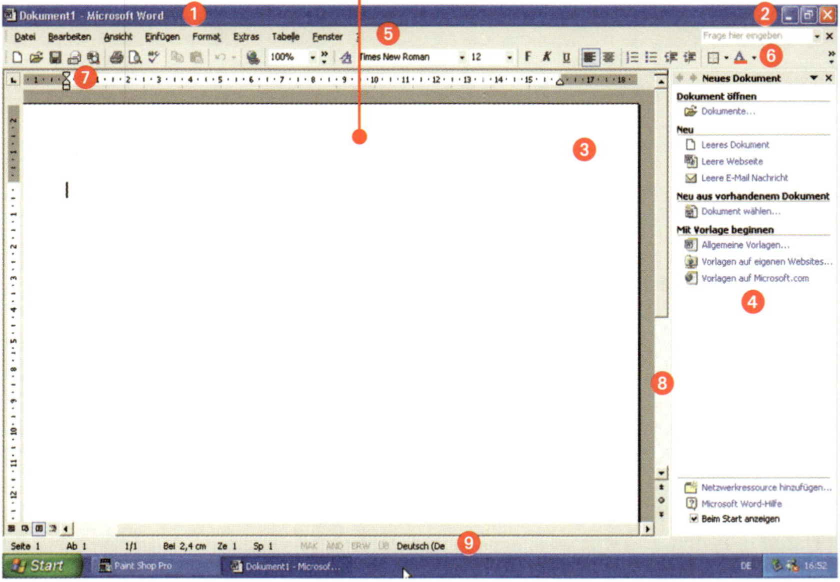

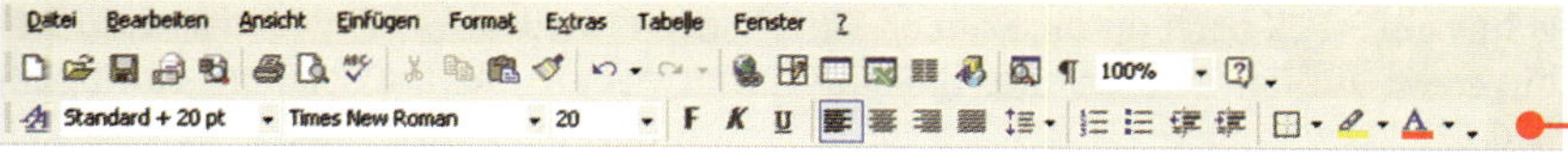

2 Rechts befinden sich die Felder, mit denen Sie die Größe des Programmfensters beeinflussen

oder es ganz schließen können.

3 In der eigentlichen Arbeitsfläche tippen Sie Ihre Texte ein.

4 Rechts an die Arbeitsfläche schließt der **Aufgabenbereich** an, den Sie in diesem Buch von Kapitel zu Kapitel besser kennen lernen werden.

5 Über die **Menüleiste** haben Sie Zugriff auf den vollständigen Befehlssatz, mit dem Sie Word steuern können.

6 Häufig benötigte Befehle erreichen Sie über Symbole, die ebenfalls in einer Leiste, der so genannten **Symbolleiste**, zusammengefasst sind. Mit einem Klick auf den Doppelpfeil am rechten Rand

werden weitere Symbole eingeblendet, die nicht mehr in die Leiste passen.

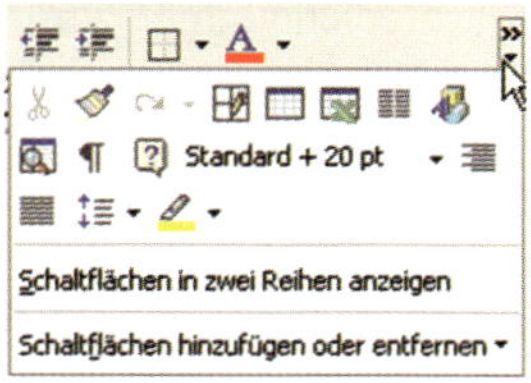

Wenn Sie hier den Eintrag

wählen, wird die Symbolleiste in zwei Reihen dargestellt,

was den Zugriff, allerdings auf Kosten der freien Arbeitsfläche, vereinfacht.

Die Bedeutung der einzelnen Symbole brauchen Sie nicht auswendig zu lernen. Sind Sie sich über die Bedeutung eines Symbols nicht ganz im Klaren, führen Sie den Mauszeiger einfach darüber. Einen Augenblick später erscheint ein Beschriftungsbalken, der die Funktion erläutert.

Diese Einblendung bezeichnet man als Quickinfo.

7 Das Lineal ist ein Hilfsmittel, das Sie bei der Gestaltung eines Dokuments nutzen können.

8 Über die Bildlaufleisten können Sie sich verschiedene Teile eines Dokuments anzeigen lassen. Klicken Sie auf den oberen Pfeil,

bewegen Sie das Dokument ein Stück nach oben. Per Klick auf den unteren Pfeil

geht's ein Stück nach unten. Klicken Sie hingegen auf das so genannte Bildlauffeld ●

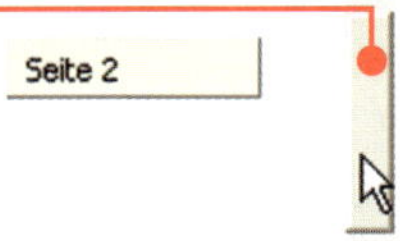

und halten die Maustaste gedrückt, können Sie den Bildschirminhalt durch eine Ziehbewegung schnell nach unten oder oben bewegen. Bei mehrseitigen Dokumenten wird die Seitenzahl eingeblendet, was eine wertvolle Orientierungshilfe darstellt.

Und wenn Sie in den oberen Leistenbereich zwischen Bildlauffeld und Pfeil klicken ●,

blättern Sie das Dokument einen Bildschirminhalt nach oben. Ein Klick auf den unteren Bereich ●

blättert den Bildschirminhalt wiederum nach unten.

⑨ Die **Statuszeile** liefert Ihnen Informationen über Seitenzahlen, Position der Einfügemarke und Ähnliches.

Text eingeben

Auf der Arbeitsfläche sehen Sie einen blinkenden senkrechten Strich. Dieser Strich wird als **Einfügemarke** bezeichnet. Wenn Sie Buchstaben eintippen, wandert die Einfügemarke weiter.

Da ein Wort|

1 Mit der Maus können Sie die Einfügemarke problemlos in Ihrem Text positionieren, indem Sie an die Stelle klicken, an der Sie weiterschreiben wollen, also auch irgendwo in bereits existierendem Text, um etwa noch ein Wort einzufügen.

Da fehlte |ein Wort

2 Mit der [←]-Taste löschen Sie Zeichen, die sich *vor* der Einfügemarke befinden, mit der [Entf]-Taste Zeichen, die sich *dahinter* befinden.

3 Um Zeilenumbrüche, also den Beginn einer neuen Zeile, brauchen Sie sich nicht zu kümmern. Das erledigt Word automatisch für Sie. Falls Sie jedoch einen neuen Absatz beginnen möchten, drücken Sie einfach die [↵]-Taste.

Zeilenumbrüche berechnet Word selbstständig. Darum brauchen Sie sich nicht zu kümmern.
Mit der Bestätigungstaste, die auch Returntaste genannt wird, beginnen Sie einen neuen Absatz.|

4 Die Unterscheidung wird deutlicher, wenn Sie in der Symbolleiste auf

klicken. Word blendet dann nämlich die so genannten nicht druckbaren Zeichen ein.

Zeilenumbrüche·berechnet·Word·selbstständig.·Darum·brauchen·Sie·sich·nicht·zu·kümmern.¶
Mit·der·Bestätigungstaste,·die·auch·Returntaste·genannt·wird,·beginnen·Sie·einen·neuen·Absatz.¶

Das Zeichen ¶

steht dabei für eine Absatzschaltung. Ein erneuter Klick auf das Symbol

¶

blendet die nicht druckbaren Zeichen wieder aus.

5 Was es mit den Schlangenlinien

Enifügemarke

unter manchen Wörtern auf sich hat, erfahren Sie in Kapitel 4.

Bewegen mit der Tastatur

Je mehr Sie schreiben, desto lästiger werden Sie es empfinden, die Einfügemarke mit der Maus zu positionieren, da Sie dann ja jedes Mal die Hand von der Tastatur nehmen müssen und in Ihrem Schreibfluss unterbrochen werden. Sie haben daher auch die Möglichkeit, die Einfügemarke mit der Tastatur zu bewegen:

- Mit den Richtungstasten bewegen Sie sich horizontal und vertikal durch den Text. Dabei geht es mit ← → jeweils ein Zeichen nach links oder rechts, beziehungsweise mit ↑ ↓ eine Zeile nach oben oder unten.
- Wenn Sie die Strg-Taste gedrückt halten und nun eine der Richtungstasten benutzen, springen Sie wortweise nach links oder rechts beziehungsweise absatzweise nach oben oder unten.
- Durch Drücken der Taste Pos1 versetzen Sie die Einfügemarke an den Anfang einer Zeile. Halten Sie gleichzeitig die Strg-Taste gedrückt, springen Sie sogar direkt an den Anfang Ihres Textes.
- Analog verwenden Sie die Ende-Taste, um das Zeilenende beziehungsweise das Dokumentende anzusteuern.
- Halten Sie die ⇧-Taste gedrückt und tippen dann auf die Taste F5, springt die Einfügemarke wieder an Ihren Ausgangspunkt zurück.

Wenn Sie sich in umfangreichen Dokumenten bewegen müssen, werden Sie diese Funktion zu schätzen lernen, da sie Ihnen oft mühsames Suchen erspart.

Schriftart und Schriftgröße

Ein hervorstechendes Merkmal von Textverarbeitungsprogrammen ist die Schriftfülle, die Ihnen zur Verfügung steht. Wie Sie Zugriff darauf erhalten, erfahren Sie im Folgenden:

1 Klicken Sie mit dem Mauszeiger auf den Pfeil neben der Auswahlbox ●.

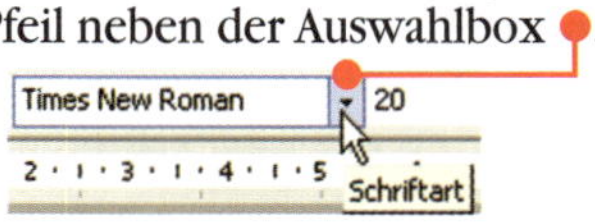

2 Aus dem aufgeklappten Menü können Sie jetzt per Mausklick die Schriftart auswählen, die Sie verwenden möchten.

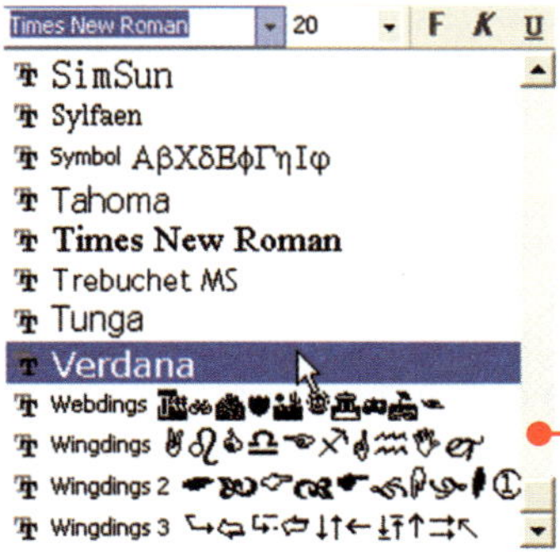

Da die Schriftnamen in der jeweiligen Schriftart gehalten sind, bekommen Sie in der Liste bereits einen ersten optischen Eindruck. Über die Bildlaufleiste können Sie sich durch das reichhaltige Angebot bewegen.

3 Rechts der Einfügemarke schreiben Sie nun mit der gewählten Schrift

> Diese Schrift heißt Times New Roman. Ab hier wird die Schrift Verdana verwendet.

4 Auch für die Schriftgröße - man spricht auch vom Schriftgrad - steht Ihnen eine Auswahlbox zur Verfügung.

5 Die Maßeinheit für die Schriftgröße bezeichnet man als „Punkt". Wenn Sie also aus der aufgeklappten Auswahlbox

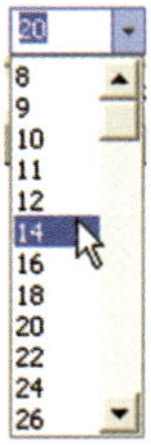

beispielsweise eine 14 wählen, heißt das, dass Sie in einer 14-Punkt-Schrift schreiben.

> Auch innerhalb eines Wortes kann man problemlos verschiedene Schriftgrößen verwenden

Wie Sie bereits geschriebenen Text in einer anderen Schrift darstellen können, erfahren Sie in Kapitel 3.

Umgang mit Dateien

Texte, die Sie mit Word schreiben, können Sie in **Dateien** speichern. Die Inhalte sind dadurch gesichert, und Sie können jederzeit wieder darauf zugreifen, sei es, um den Text zu lesen, oder auch, um ihn zu verändern oder daran weiterzuarbeiten.

Speichern und Word beenden

1 Klicken Sie in der Menüleiste auf

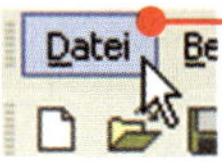

und danach auf

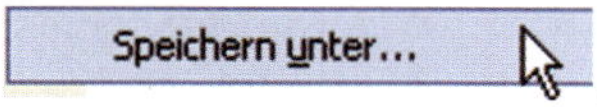

2 Im Fenster des Dateimanagers, das sich anschließend öffnet,

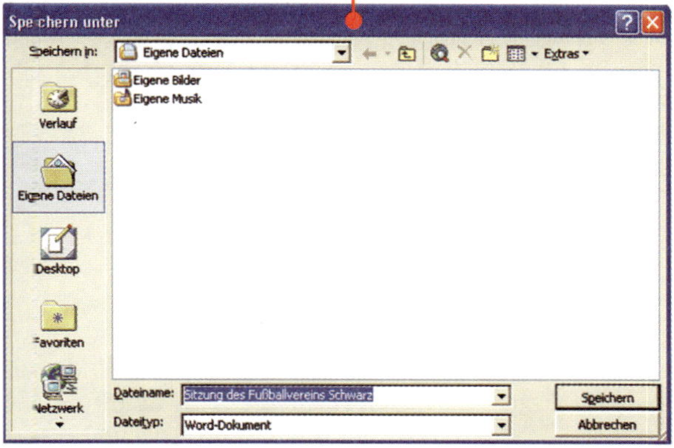

können Sie nun Speicherort und Dateinamen bestimmen.

Standardmäßig wird Ihr persönlicher **Ordner** „Eigene Dateien" vorgeschlagen.

3 Mit einem Klick auf den kleinen Pfeil

erhalten Sie jedoch Zugriff auf die komplette Ordnerstruktur Ihres Arbeitsplatzes.

Jetzt können Sie mit **Doppelklicks** auf die Ordnernamen

oder per Klick auf

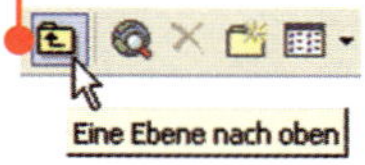

durch die verschiedenen Ordnerebenen wandern und auf diese Weise einen anderen Speicherort festlegen.

4 Nachdem Sie den Ordner ausgewählt haben, in dem Sie Ihr Dokument speichern wollen, müssen Sie der Datei noch einen Namen geben.

Je präziser und aussagekräftiger dieser Dateiname ist, desto besser werden Sie sich später zurechtfinden, wenn Sie ein bestimmtes Dokument suchen.

5 Um Ihren Text endgültig zu speichern, klicken Sie zum Schluss auf

6 Das Dokument, das Sie soeben gespeichert haben, bleibt auf dem Bildschirm. Die Titelzeile enthält jetzt aber den Namen, den Sie in Schritt 5 vergeben haben.

Kluge Namenswahl

Es ist sinnvoll, sich über die Dateinamenswahl etwas ausführlicher Gedanken zu machen. Stellen Sie sich vor, Sie sind Protokollführer im Vorstand des örtlichen Fußballvereins, der sich einmal im Monat trifft. Dann könnte der Ordner, in dem Sie Ihre Protokolle digital lagern, schon bald so unübersichtlich aussehen:

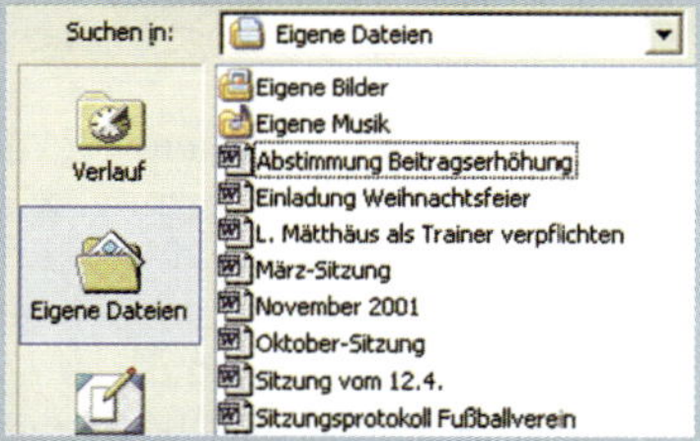

Wenn Sie Ihre Dateien dagegen nach einem einheitlichen Muster benennen und einen Datumseintrag (Jahr, Monat, Tag) voranstellen, fällt die Suche nach einem bestimmten Sitzungsprotokoll garantiert leichter:

7 Wenn Sie wollen, können Sie Ihren Text nun weiterbearbeiten. Um diese Ergänzungen dann ebenfalls zu speichern, genügt ein Klick auf das Diskettensymbol .

8 Um Word zu beenden, klicken Sie wie bei Windows-Programmen üblich auf das Schließkreuz rechts oben.

9 Sollten Sie seit dem letzten Speichervorgang Ihren Text verändert haben, erscheint eine Sicherheitsabfrage.

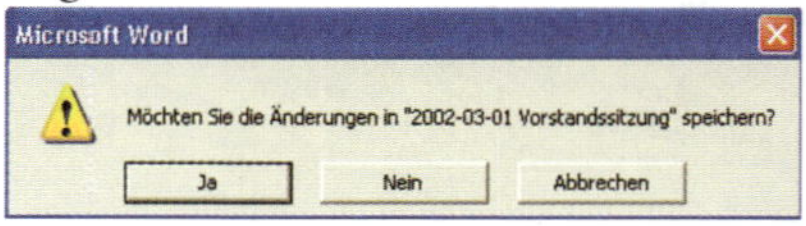

Mit einem Klick auf

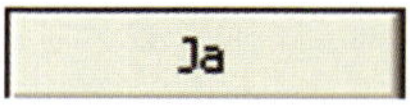

speichern Sie das Dokument in der aktuellsten Form und schließen Word.

Per Klick auf die Schaltfläche

beenden Sie Word ebenfalls, verwerfen allerdings Ihre letzten Änderungen, so dass die Datei in der davor gespeicherten Form auf Ihrer **Festplatte** bleibt.

Mit einem Klick auf

schließlich können Sie den Schließvorgang abbrechen und in den Word-Bildschirm zurückkehren.

Dateien öffnen

Wenn Sie eine Datei, die Sie gespeichert haben, weiterbearbeiten möchten, klicken Sie zunächst auf

und danach auf

.

Mit der Maus wählen Sie anschließend die Datei aus, die geöffnet werden soll,

und klicken dann auf

.

Dateien schneller öffnen

Ganz unten im Dateimenü sind immer die letzten vier Dateien aufgeführt, die Sie bearbeitet haben.

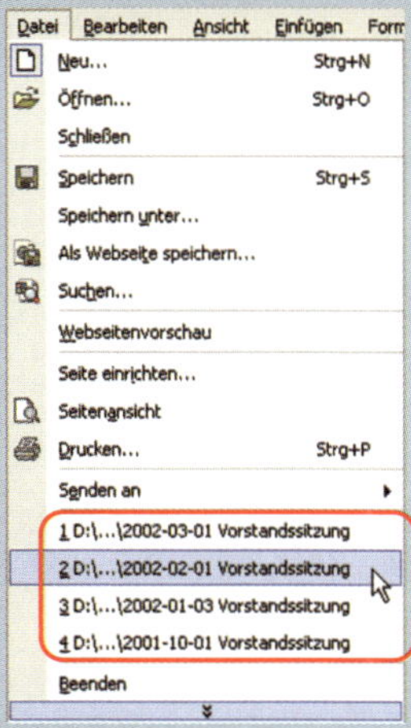

Um diese Dateien zu öffnen, genügt ein einfacher Mausklick. Word erspart Ihnen durch diese Abkürzung den Weg über den Dateimanager.

Der Aufgabenbereich

Das Erscheinungsbild des Aufgabenbereichs ist davon abhängig, welche Arbeitsschritte Sie gerade durchführen. Dementsprechend wird Ihnen dort ein schneller Zugriff auf Funktionen, die Sie vermutlich bei Ihrer Arbeit gerade benötigen, angeboten.

1 So können Sie beispielsweise nach dem Programmstart auf die zuletzt bearbeiteten Dateien auch im Bereich

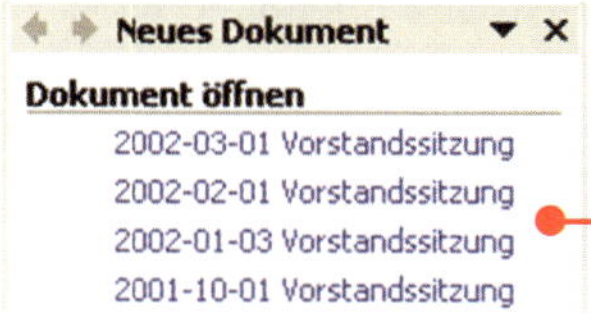

zugreifen.

Und ein Klick auf den Eintrag

führt Sie direkt zum Dateimanager.

2 Im Aufgabenbereich haben Sie außerdem die Möglichkeit, ein neues Dokument anzulegen. Dazu brauchen Sie nur auf

zu klicken.

Per Klick auf den Pfeil neben dem Aufgabenbereichstitel

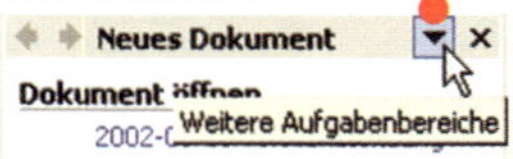

können Sie sich ansehen, welche verschiedenen Aufgabenbereiche es gibt,

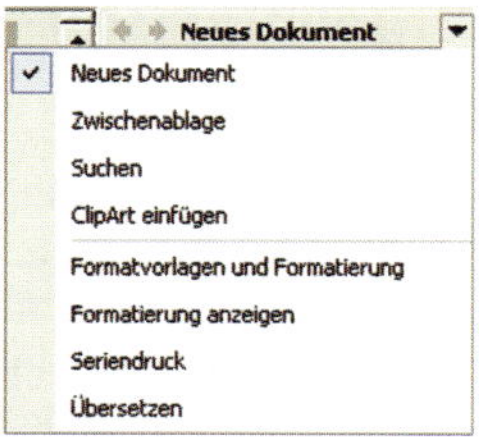

und dann, ebenfalls mit einem Mausklick, bei Bedarf einen Bereich gezielt anwählen.

3 Um die Anzeige des Aufgabenbereichs aus- oder auch wieder einzublenden, klicken Sie in der Menüleiste auf

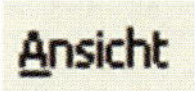

und im sich öffnenden Menü auf den Eintrag ●.

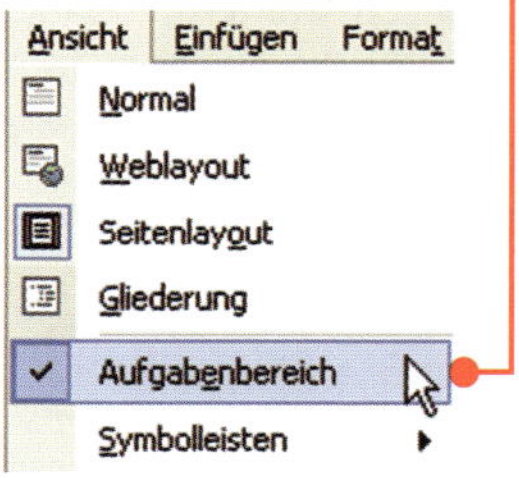

3 Texte formvollendet gestalten

Zwar kommt es bei Texten in erster Linie auf den Inhalt an, also auf das, was Sie schreiben: Doch durch das Verwenden einer passenden Schrift unterstützen Sie die Wirkung Ihres Textes. Darüber hinaus können Sie Ihren Text durch unterschiedliche Schriftgrößen besser strukturieren, und durch Hervorhebungen helfen Sie dem Leser, Wichtiges von weniger Wichtigem rasch zu unterscheiden. Alle diese Gestaltungsmöglichkeiten bezeichnet man als **Formatierungen**.

Im dritten Kapitel dieses Buches erfahren Sie,

- wie Sie Text markieren,
- wie Sie Text formatieren,
- welche Ansichten Ihnen Word zur Verfügung stellt,
- und wie Sie Seiten gestalten.

Kapitel-Wegweiser

Markieren 24
  Markieren mit der Maus 24
  Markieren mit der Tastatur 25
  Markieren und Löschen 26
Zeichen und Absätze formatieren 27
  Texte hervorheben 27
  Textausrichtung 28
  Formatierung eines Wortes übernehmen 29
  Formatierung eines Absatzes übernehmen 29
Seiten gestalten 30
  Ansichten 30
  Seiten einrichten 31
  Spalten 32
  Kopf- und Fußzeilen einrichten 34
  Kopf- und Fußzeilen weiterbearbeiten 36
  Manuell umbrechen 38
  Silbentrennung 39

Markieren

Um Formatierungen ausführen zu können, müssen Sie Word zuerst mitteilen, auf welchen Textabschnitt die geplante Aktion angewendet werden soll. Dazu markieren Sie die entsprechende Stelle. Ein Beispiel verdeutlicht dieses Prinzip am einfachsten:

1 Schreiben Sie zunächst einen beliebigen Beispielsatz.

Auch innerhalb eines Absatzes können Sie verschiedene Schriften verwenden, wie dieses Beispiel zeigt.

2 Um nun eine Markierung zu setzen, klicken Sie mit der Maus an den Anfang des zu markierenden Teils,

ıerhalb eines Absatzes können
en, |wie dieses Beispiel zeigt.

halten dann die linke Maustaste gedrückt und führen den Mauszeiger bis zum Ende des Bereichs, den Sie formatieren möchten. Dort lassen Sie die Maustaste los.

Auch innerhalb eines Absatzes können Sie verschiedene Schriften verwenden, wie dieses Beispiel zeigt.

Der dunkel eingefärbte Textteil ist jetzt markiert.

3 Klicken Sie danach auf den Pfeil neben der Schriftartenanzeige,

und wählen Sie per Klick eine Schriftart aus.

Der markierte Text wird daraufhin in der gewählten Schriftart dargestellt, während der nicht markierte Text seine Ursprungsformatierung beibehält.

Auch innerhalb eines Absatzes können Sie verschiedene Schriften verwenden, wie dieses Beispiel zeigt.

Markieren mit der Maus

Wegen der großen Bedeutung, die dem Thema Markierung zukommt, stehen Ihnen neben der soeben gezeigten universellen Methode noch weitere Techniken zur Verfügung.

- **Ein Wort markieren:** Setzen Sie die **Einfügemarke** in das Wort, das Sie markieren wollen,

  dert ist immer auch
  ın Spielfilm|e, die uı
  haben, ja manchma

  und klicken Sie dann zwei Mal kurz hintereinander mit der linken Maustaste.

  ıdert ist immer auı
  an Spielfilme, die
  haben, ja manchı

- **Einen Absatz markieren:** Gehen Sie genauso vor wie eben, klicken Sie jedoch drei (!) Mal kurz hintereinander in den gewünschten Absatz.

Vorwort
Liebe Filmfreunde!

Ein Rückblick auf das vergangene Jahrhundert ist immer auch eine Erinnerung an besondere Kino-Momente, an Spielfilme, die uns und die Art, wie wir die Welt sehen, beeinflußt haben, ja manchmal sogar zu einem Teil der Geschichte und unseres Lebens geworden sind. Für viele, nicht nur jüngere, hat dabei ein Medium eine zunehmend wichtigere Rolle gespielt, das seit seiner Einführung vor gut 20 Jahren eine wechselvolle, dem Kino nicht unähnliche Entwicklung vom etwas suspekten Außenseiter zum anerkannten, eigenständigen Kulturträger durchlaufen hat. Die Videokassette

Als Basis für die Auswahl dieses Filmlexikons haben wir daher bis auf wenige Ausnahmen alle Titel gewählt, die bisher in Deutschland

Einen Satz markieren: Halten Sie die [Strg]-Taste gedrückt, und klicken Sie dann auf ein Wort innerhalb des Satzes, der markiert werden soll.

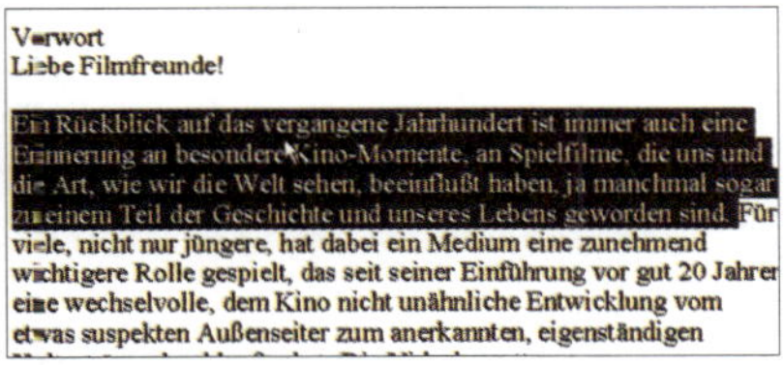
Vorwort
Liebe Filmfreunde!

Ein Rückblick auf das vergangene Jahrhundert ist immer auch eine Erinnerung an besondere Kino-Momente, an Spielfilme, die uns und die Art, wie wir die Welt sehen, beeinflußt haben, ja manchmal sogar zu einem Teil der Geschichte und unseres Lebens geworden sind. Für viele, nicht nur jüngere, hat dabei ein Medium eine zunehmend wichtigere Rolle gespielt, das seit seiner Einführung vor gut 20 Jahren eine wechselvolle, dem Kino nicht unähnliche Entwicklung vom etwas suspekten Außenseiter zum anerkannten, eigenständigen

Ein Dokument markieren: Um ein komplettes Dokument zu markieren, führen Sie den Mauszeiger links neben den Text, bis er sich in einen nach rechts oben weisenden Pfeil verwandelt,

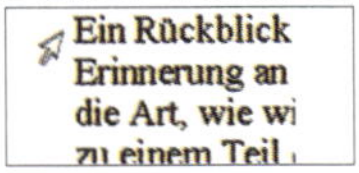

und klicken dann drei (!) Mal kurz hintereinander.

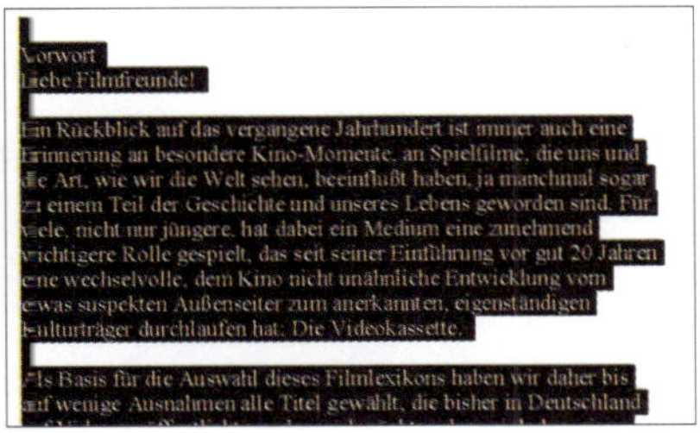
Vorwort
Liebe Filmfreunde!

Ein Rückblick auf das vergangene Jahrhundert ist immer auch eine Erinnerung an besondere Kino-Momente, an Spielfilme, die uns und die Art, wie wir die Welt sehen, beeinflußt haben, ja manchmal sogar zu einem Teil der Geschichte und unseres Lebens geworden sind. Für viele, nicht nur jüngere, hat dabei ein Medium eine zunehmend wichtigere Rolle gespielt, das seit seiner Einführung vor gut 20 Jahren eine wechselvolle, dem Kino nicht unähnliche Entwicklung vom etwas suspekten Außenseiter zum anerkannten, eigenständigen Kulturträger durchlaufen hat: Die Videokassette.

Als Basis für die Auswahl dieses Filmlexikons haben wir daher bis auf wenige Ausnahmen alle Titel gewählt, die bisher in Deutschland

Markieren mit der Tastatur

Auch ohne Verwendung der Maus können Sie Markierungen setzen. Ausgangspunkt ist dabei immer die Position der Einfügemarke.

Zeichenweise markieren: Ausgehend von der Einfügemarke

können Sie Text markieren, indem Sie die [⇧]-Taste gedrückt halten und dann mit den Richtungstasten operieren. Mit den [→][←]-Tasten setzen Sie zeichenweise Markierungen hinter

beziehungsweise vor die Einfügemarke.

Zeilenweise markieren: Mit den Tasten [↑] und [↓] in Verbindung mit der [⇧]-Taste erweitern Sie den markierten Bereich zeilenweise nach oben

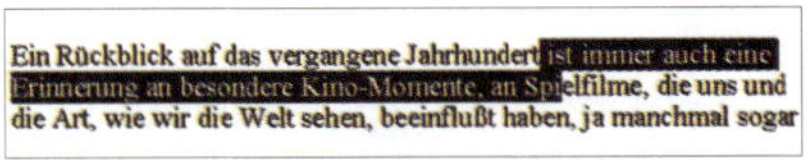
Ein Rückblick auf das vergangene Jahrhundert ist immer auch eine Erinnerung an besondere Kino-Momente, an Spielfilme, die uns und die Art, wie wir die Welt sehen, beeinflußt haben, ja manchmal sogar

oder unten.

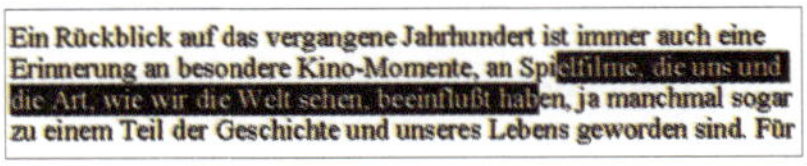
Ein Rückblick auf das vergangene Jahrhundert ist immer auch eine Erinnerung an besondere Kino-Momente, an Spielfilme, die uns und die Art, wie wir die Welt sehen, beeinflußt haben, ja manchmal sogar zu einem Teil der Geschichte und unseres Lebens geworden sind. Für

Bis zum Anfang oder Ende eines Absatzes markieren: Halten Sie zusätzlich zur [⇧]-Taste noch die [Strg]-Taste gedrückt, springt die Markierung mit [↑] zum Anfang

Ein Rückblick auf das vergangene Jahrhundert ist immer auch eine Erinnerung an besondere Kino-Momente, an Spielfilme, die uns und die Art, wie wir die Welt sehen, beeinflußt haben, ja manchmal sogar

beziehungsweise mit [↓] zum Ende des Absatzes.

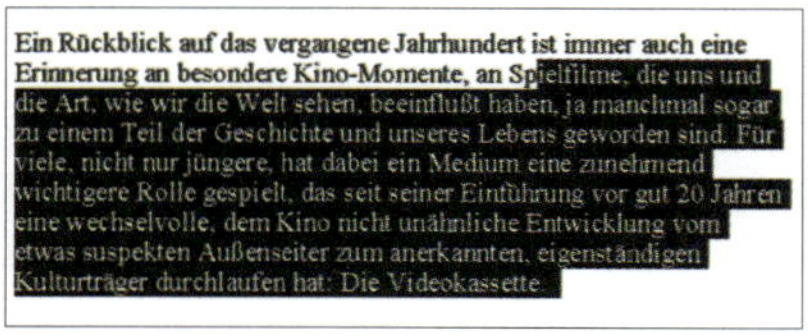
Ein Rückblick auf das vergangene Jahrhundert ist immer auch eine Erinnerung an besondere Kino-Momente, an Spielfilme, die uns und die Art, wie wir die Welt sehen, beeinflußt haben, ja manchmal sogar zu einem Teil der Geschichte und unseres Lebens geworden sind. Für viele, nicht nur jüngere, hat dabei ein Medium eine zunehmend wichtigere Rolle gespielt, das seit seiner Einführung vor gut 20 Jahren eine wechselvolle, dem Kino nicht unähnliche Entwicklung vom etwas suspekten Außenseiter zum anerkannten, eigenständigen Kulturträger durchlaufen hat: Die Videokassette.

● **Wortweise markieren:** Horizontal (→ ←) bewirkt die Tastenkombination ⇧ und Strg wortweise Markierungssprünge.

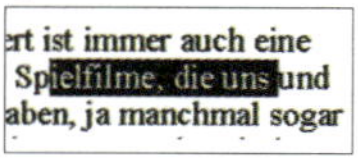
rt ist immer auch eine
Spielfilme, die uns und
aben, ja manchmal sogar

● **Bis zum Anfang oder Ende eines Dokuments markieren:** Wenn Sie die ⇧- und Strg-Taste gedrückt halten und dann auf Pos1 tippen, wird der komplette Dokumententeil *vor* der Einfügemarke markiert.

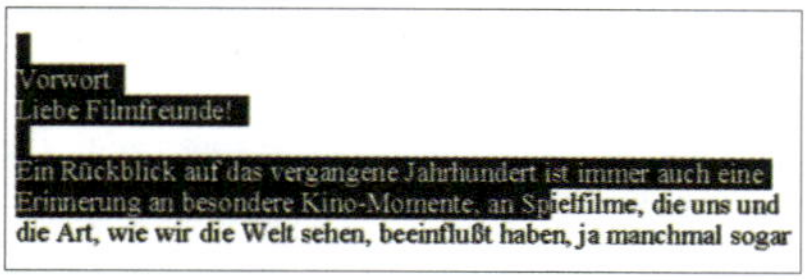
Vorwort
Liebe Filmfreunde!

Ein Rückblick auf das vergangene Jahrhundert ist immer auch eine Erinnerung an besondere Kino-Momente, an Spielfilme, die uns und die Art, wie wir die Welt sehen, beeinflußt haben, ja manchmal sogar

Tippen Sie stattdessen auf Ende, wird alles *nach* der Einfügemarke markiert.

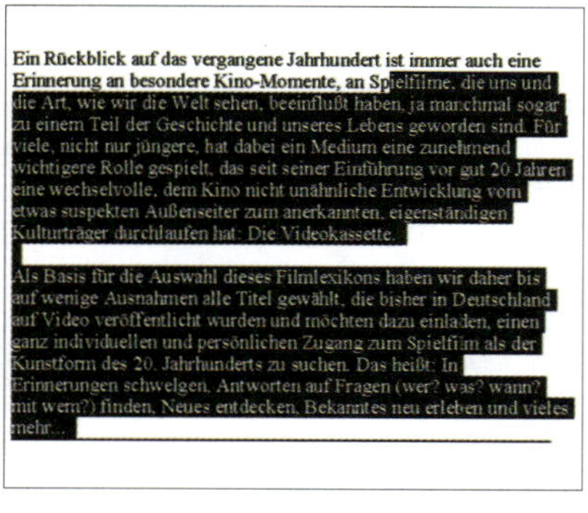
Ein Rückblick auf das vergangene Jahrhundert ist immer auch eine Erinnerung an besondere Kino-Momente, an Spielfilme, die uns und die Art, wie wir die Welt sehen, beeinflußt haben, ja manchmal sogar zu einem Teil der Geschichte und unseres Lebens geworden sind. Für viele, nicht nur jüngere, hat dabei ein Medium eine zunehmend wichtigere Rolle gespielt, das seit seiner Einführung vor gut 20 Jahren eine wechselvolle, dem Kino nicht unähnliche Entwicklung vom etwas suspekten Außenseiter zum anerkannten, eigenständigen Kulturträger durchlaufen hat: Die Videokassette.

Als Basis für die Auswahl dieses Filmlexikons haben wir daher bis auf wenige Ausnahmen alle Titel gewählt, die bisher in Deutschland auf Video veröffentlicht wurden und möchten dazu einladen, einen ganz individuellen und persönlichen Zugang zum Spielfilm als der Kunstform des 20. Jahrhunderts zu suchen. Das heißt: In Erinnerungen schwelgen, Antworten auf Fragen (wer? was? wann? mit wem?) finden, Neues entdecken, Bekanntes neu erleben und vieles mehr...

● Speziell wenn Sie größere Markierungen setzen wollen, bietet sich eine Mischform aus Maus- und Tastaturverwendung an. Setzen Sie zuerst die Einfügemarke an den Anfang des zu markierenden Textabschnitts, und drücken Sie danach die ⇧. Halten Sie die Taste gedrückt, und klicken Sie dann mit der Maus ans Ende der zu markierenden Stelle. Fertig.

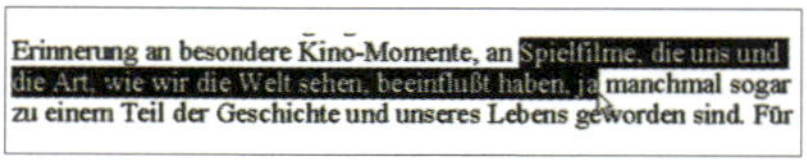
Erinnerung an besondere Kino-Momente, an Spielfilme, die uns und die Art, wie wir die Welt sehen, beeinflußt haben, ja manchmal sogar zu einem Teil der Geschichte und unseres Lebens geworden sind. Für

Markieren und Löschen

Markierungen können Sie natürlich auch verwenden, um Wörter, Sätze oder Absätze zu löschen oder zu überschreiben.

● Haben Sie eine Markierung gesetzt

Ein Wort Wort zuviel

und drücken dann auf die Entf-Taste, verschwindet der markierte Text umgehend vom Bildschirm.

Ein Wort zuviel

● Stattdessen können Sie auch einfach ein neues Wort schreiben. Dieses Wort tritt dann an die Stelle der Markierung.

Ein einziges Wort zuviel

● Nun wäre es recht ärgerlich, wenn Ihnen das aus Versehen passieren sollte, Sie also gar nicht löschen oder überschreiben wollten. Sie haben daher die Möglichkeit, diese Aktion rückgängig zu machen, indem Sie auf das Symbol

klicken.

Übrigens: Die meisten Aktionen in Word lassen sich auf diese Weise rückgängig machen, sogar über mehrere Schritte. Klicken Sie auf den kleinen Pfeil neben dem Symbol, sehen Sie eine komplette Auflistung der zurückliegenden Aktionen, die Sie per Mausklick ungeschehen machen können.

Zeichen und Absätze formatieren

Wie Sie Schriftart und Schriftgröße festlegen, haben Sie bereits im 2. Kapitel erfahren. Daneben bietet Word jedoch noch eine Fülle weiterer Möglichkeiten, Zeichen oder Absätze zu formatieren.

Texte hervorheben

Zum Hervorheben von Textstellen wird am häufigsten die **Symbolleiste** verwendet.

- Markieren Sie ein Textstück

Ein einziges Wort zuviel

und klicken dann auf das Symbol,

wird Ihr Text fett dargestellt

Ein **einziges** Wort zuviel

- Wenn Sie demgegenüber nach der Markierung auf das Symbol

klicken, werden die Buchstaben schräg, also kursiv, dargestellt.

Ein *einziges* Wort zuviel

- Per Klick auf das Symbol

können Sie eine Unterstreichung veranlassen.

Ein einziges Wort zuviel

- Auch Kombinationen verschiedener Hervorhebungen sind denkbar.

Ein *einziges* Wort zuviel

So wird etwa im Beispielbild das Wort „einziges“ kursiv dargestellt und unterstrichen. Sobald Sie die Einfügemarke in das so formatierte Wort setzen, erscheinen die entsprechenden Symbole hervorgehoben. 

Klicken Sie diese hervorgehobenen Symbole an, verschwindet die optische Hervorhebung und gleichzeitig auch die damit verbundene Formatierung des Wortes.

Textausrichtung

Die Ausrichtung von Absätzen bestimmt erheblich das Aussehen und die Lesbarkeit eines Textes.

- Texte, die Sie bisher geschrieben haben, sind links ausgerichtet. Das bedeutet, die Zeilenanfänge befinden sich direkt untereinander,

Ein Rückbl
Erinnerung
die Art, wie
zu einem T
viele, nicht
wichtigere

die Zeilenenden fallen jedoch unterschiedlich aus.

auch eine
lie uns und
chmal sogar
en sind. Für
mend
ut 20 Jahren

Man spricht deswegen auch vom Flattersatz. In der Formatierungsleiste sehen Sie, dass das Symbol für die Linksausrichtung 

optisch hervorgehoben ist.

- Um dagegen einen Absatz rechts auszurichten, klicken Sie auf das Symbol. 

Die Zeilenenden sind nun gleichmäßig untereinander angeordnet, während die Zeilenanfänge unterschiedlich aussehen.

Ein Rückblick auf das vergangene Jahrhundert ist immer auch eine Erinnerung an besondere Kino-Momente, an Spielfilme, die uns und die Art, wie wir die Welt sehen, beeinflußt haben, ja manchmal sogar zu einem Teil der Geschichte und unseres Lebens geworden sind. Für viele, nicht nur jüngere, hat dabei ein Medium eine zunehmend wichtigere Rolle gespielt, das seit seiner Einführung vor gut 20 Jahren eine wechselvolle, dem Kino nicht unähnliche Entwicklung vom etwas suspekten Außenseiter zum anerkannten, eigenständigen Kulturträger durchlaufen hat: Die Videokassette.

- Wenn Sie möchten, dass ein Absatz sowohl links als auch rechts bündig abschließt, klicken Sie auf .

Dadurch wird dieser Absatz im so genannten Blocksatz dargestellt. Word verteilt die Wörter gleichmäßig in einer Zeile mit bündigen Abschlüssen an beiden Zeilenenden und richtet nur die letzte Zeile eines Absatzes links aus.

Ein Rückblick auf das vergangene Jahrhundert ist immer auch eine Erinnerung an besondere Kino-Momente, an Spielfilme, die uns und die Art, wie wir die Welt sehen, beeinflußt haben, ja manchmal sogar zu einem Teil der Geschichte und unseres Lebens geworden sind. Für viele, nicht nur jüngere, hat dabei ein Medium eine zunehmend wichtigere Rolle gespielt, das seit seiner Einführung vor gut 20 Jahren eine wechselvolle, dem Kino nicht unähnliche Entwicklung vom etwas suspekten Außenseiter zum anerkannten, eigenständigen Kulturträger durchlaufen hat: Die Videokassette.

- Durch Anklicken des Symbols

richten Sie einen Absatz mittig aus. Diese Ausrichtung wird meist auf Überschriften, etwa , angewendet.

Liebe Filmfreunde!

Ein Rückblick auf das vergangene Jahrhundert ist immer auch eine Erinnerung an besondere Kino-Momente, an Spielfilme, die uns und die Art, wie wir die Welt sehen, beeinflußt haben, ja manchmal sogar zu einem Teil der Geschichte und unseres Lebens geworden sind. Für

Formatierung eines Wortes übernehmen

Falls Sie komplizierte Formatierungen durchführen, kann es mühsam sein, diese Formatierung manuell auch auf eine andere Textstelle zu übertragen. Word nimmt Ihnen diese leidige Arbeit gerne ab:

1 Klicken Sie in die Textstelle, deren Formatierung Sie an anderer Stelle übernehmen wollen.

> etwas suspekten Außenseiter zum anerkar
> Kulturträger durchlaufen hat: Die **Videokassette**.

2 Danach folgt ein Klick in der Symbolleiste auf ●.

3 Nun brauchen Sie nur noch in das Zielwort zu klicken.

> etwas suspekten Außenseiter zum anerkann
> **Kulturträger** durchlaufen hat: Die **Videokassette**.

Formatierung eines Absatzes übernehmen

Die eben gezeigte Formatübertragung funktioniert nicht nur innerhalb eines Absatzes bei einzelnen Wörtern, sondern auch bei kompletten Absatzformatierungen.

1 Markieren Sie zunächst einen Absatz, und formatieren Sie ihn im Blocksatz.

> Ein Rückblick auf das vergangene Jahrhundert ist immer auch eine Erinnerung an besondere Kino-Momente, an Spielfilme, die uns und die Art, wie wir die Welt sehen, beeinflußt haben, ja manchmal sogar zu einem Teil der Geschichte und unseres Lebens geworden sind. Für viele, nicht nur jüngere, hat dabei ein Medium eine zunehmend wichtigere Rolle gespielt, das seit seiner Einführung vor gut 20 Jahren eine wechselvolle, dem Kino nicht unähnliche Entwicklung vom etwas suspekten Außenseiter zum anerkannten, eigenständigen **Kulturträger** durchlaufen hat: Die **Videokassette**.
>
> Als Basis für die Auswahl dieses Filmlexikons haben wir daher bis auf wenige Ausnahmen alle Titel gewählt, die bisher in Deutschland auf Video veröffentlicht wurden und möchten dazu einladen, einen ganz individuellen und persönlichen Zugang zum Spielfilm als der Kunstform des 20. Jahrhunderts zu suchen. Das heißt: In Erinnerungen schwelgen, Antworten auf Fragen (wer? was? wann? mit wem?) finden, Neues entdecken, Bekanntes neu erleben und vieles mehr...

2 Klicken Sie dann auf das Symbol

, um die Absatzinformation aufzunehmen.

3 Sobald Sie die Einfügemarke nun in einen anderen Absatz setzen, übernimmt auch dieser die Blocksatzformatierung.

> Ein Rückblick auf das vergangene Jahrhundert ist immer auch eine Erinnerung an besondere Kino-Momente, an Spielfilme, die uns und die Art, wie wir die Welt sehen, beeinflußt haben, ja manchmal sogar zu einem Teil der Geschichte und unseres Lebens geworden sind. Für viele, nicht nur jüngere, hat dabei ein Medium eine zunehmend wichtigere Rolle gespielt, das seit seiner Einführung vor gut 20 Jahren eine wechselvolle, dem Kino nicht unähnliche Entwicklung vom etwas suspekten Außenseiter zum anerkannten, eigenständigen **Kulturträger** durchlaufen hat: Die **Videokassette**.
>
> Als Basis für die Auswahl dieses Filmlexikons haben wir daher bis auf wenige Ausnahmen alle Titel gewählt, die bisher in Deutschland auf Video veröffentlicht wurden und möchten dazu einladen, einen ganz individuellen und persönlichen Zugang zum Spielfilm als der Kunstform des 20. Jahrhunderts zu suchen. Das heißt: In Erinnerungen schwelgen, Antworten auf Fragen (wer? was? wann?

4 Wollen Sie mit dieser Technik mehrere Zielstellen formatieren, klicken Sie doppelt auf das Symbol. Es rastet dann gleichsam ein und bleibt, auch nachdem Sie eine Formatübertragung durchgeführt haben, optisch hervorgehoben.

Die Funktion ist also nach wie vor aktiv, und Sie können die Formatierung so oft übertragen, wie Sie möchten. Erst ein erneuter Klick auf das Symbol löst die Format-Übertragungsfunktion wieder.

Seiten gestalten

Mit Word können Sie nicht nur Zeichen und Absätze formatieren, sondern auch das Aussehen der Seiten gestalten.

Ansichten

Dazu ist es sinnvoll, in die **Seitenlayout-Ansicht** zu wechseln.

1 Klicken Sie als Erstes in der **Menüleiste** auf den Eintrag .

2 Danach wechseln Sie per Klick auf

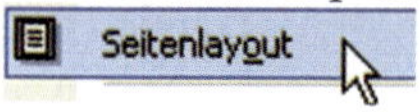

in die Layout-Ansicht.

Ihre Arbeitsfläche zeigt nun gleichsam ein beschriebenes DIN-A4-Blatt, und zwar genau so, wie es gedruckt aussehen wird.

Man spricht deshalb auch von einer WYSIWYG-Darstellung, abgeleitet vom englischen Ausdruck „What You See Is What You Get“. Gerade in größeren Dokumenten beansprucht die ständig im Hintergrund durchgeführte Seitenberechnung allerdings erhebliche Rechenressourcen.

3 Während die Layout-Ansicht besser geeignet ist, um Dokumente zu gestalten, bietet sich daher für die reine Texterfassung die **Normalansicht** an:

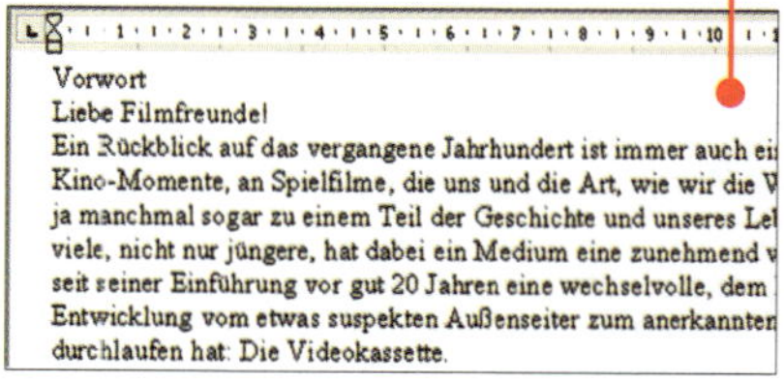

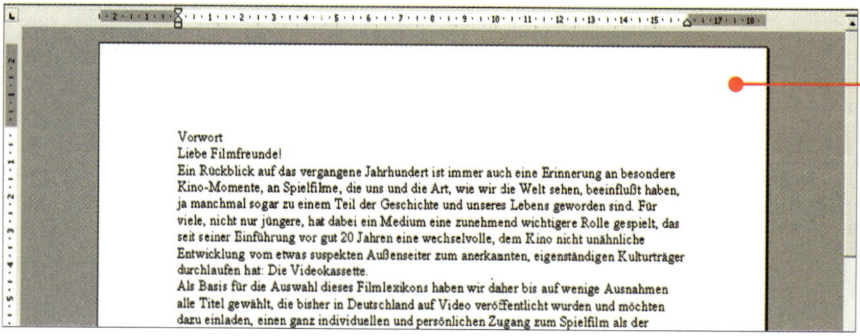

Sie erreichen sie über das Menü

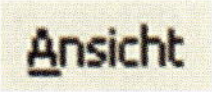

und .

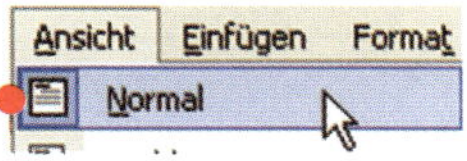

Seiten einrichten

1 Um zu den grundlegenden Einstellungen zu gelangen, die die komplette Seitengestaltung betreffen, klicken Sie auf den Menüpunkt

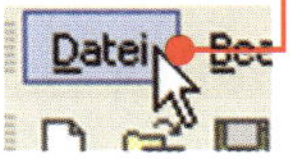

und im aufgeklappten Menü auf

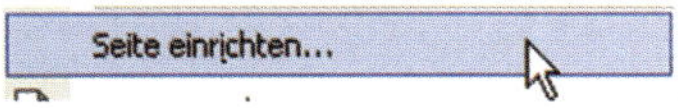

.

Dadurch wird das folgende Dialogfenster geöffnet:

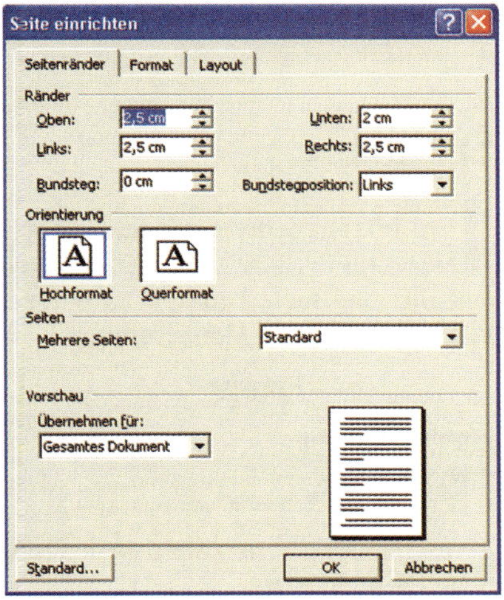

2 Prinzipiell legt Word als Seitengröße das DIN-A4-Format zugrunde. Wenn Sie davon abweichend eine andere Seitengröße verwenden möchten, klicken Sie auf den **Registerreiter**

.

3 Anschließend klicken Sie auf den kleinen Pfeil neben dem Eintrag Papierformat ,

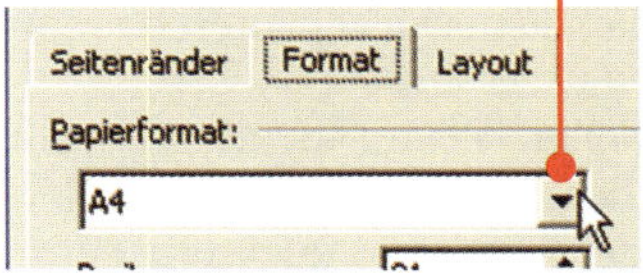

so dass eine Auswahl verschieden normierter Blattabmessungen angezeigt wird.

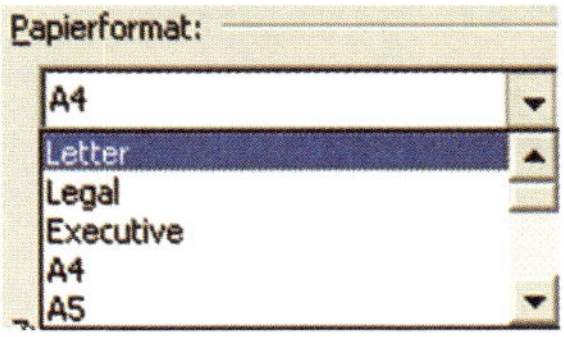

4 Per Mausklick auf den Registerreiter

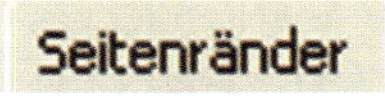

können Sie die Seitenränder manuell verändern.

➔ Dabei vergrößern oder verkleinern Sie die Ränder, indem Sie auf die nach oben und unten weisenden Pfeile neben den Feldern mit den Zahlenwerten klicken.

➔ Der Eintrag Bundsteg

dient dazu, für die Blattheftung einen etwas größeren Rand einzurichten. Dabei können Sie bestimmen, ob Sie den Bundsteg links oder oben setzen wollen,

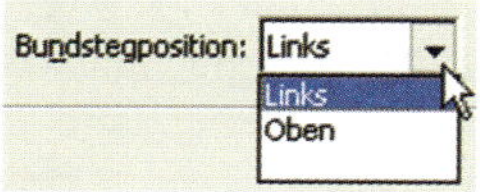

je nachdem, wie geblättert werden soll.

➔ Sollen Blätter beidseitig bedruckt werden, also nicht nur die Vorderseite, sondern auch die Rückseite eines Blattes, können Sie im Bereich

durch Anklicken des Pfeils eine Auswahl öffnen.

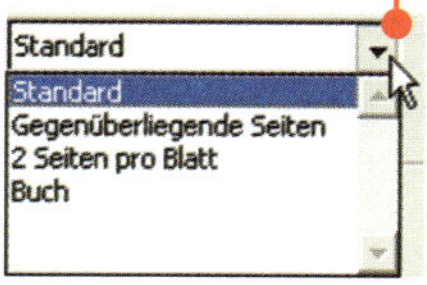

Wenn Sie dort den Eintrag

wählen, setzt Word den Freiraum für den Bundsteg bei ungeraden Seiten links, bei geraden rechts.

5 Die Wahl zwischen Hoch- oder Querformat des Blattes treffen Sie ebenfalls in diesem Register.

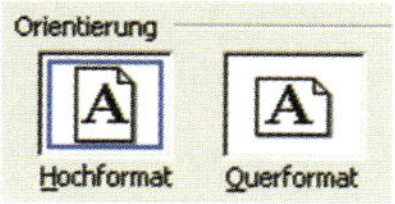

6 Nachdem Sie alle Einstellungen vorgenommen haben, klicken Sie auf

.

Falls Sie Ihre Änderungen lieber nicht übernehmen wollen, verlassen Sie das Dialogfenster mit einem Klick auf

.

! Menüs komplett

Wenn Sie einen Menüeintrag anklicken, blendet Word nicht sofort alle verfügbaren Befehle ein. Klicken Sie dazu entweder auf den Doppelpfeil ganz unten,

,

oder warten Sie einige Sekunden, bis Word automatisch den kompletten Befehlssatz anzeigt.

Spalten

1 Um Text in mehreren Spalten, so wie Sie es aus der Tageszeitung oder auch aus diesem Buch kennen, zu setzen, klicken Sie auf den Menüeintrag

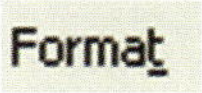

und danach auf

.

Anschließend sehen Sie das gleichnamige Dialogfenster:

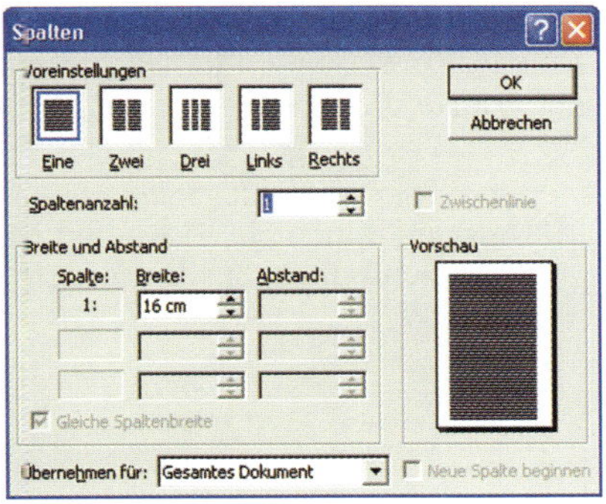

2 Per Mausklick wählen Sie zwischen ein-, zwei- oder dreispaltigem Text.

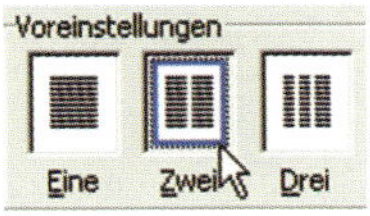

3 Falls Sie noch mehr Spalten brauchen, tragen Sie die benötigte Anzahl unter ● ein.

4 Nach einem Klick auf

wird Ihr Dokument mehrspaltig angezeigt. ●

→ Sollte der Text auf Ihrem Bildschirm immer noch einspaltig erscheinen, vergewissern Sie sich, ob Sie sich auch in der Layout-Ansicht befinden. In der Normalansicht wird der Text grundsätzlich nur einspaltig gezeigt, da ja keine Seitenumbrüche berechnet werden. Die veränderten Zeilenumbrüche sehen Sie allerdings auch in der Normalansicht.

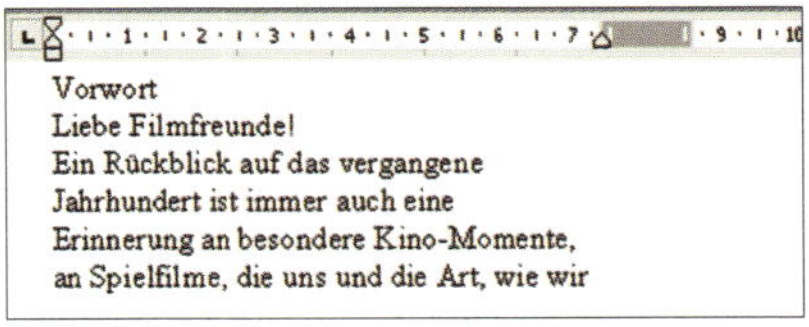

5 Damit in Ihrem Dokument zwischen den Spalten eine Trennlinie erscheint, wählen Sie im Dialogfenster die Option

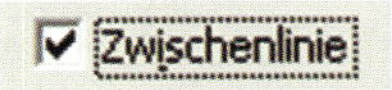

.

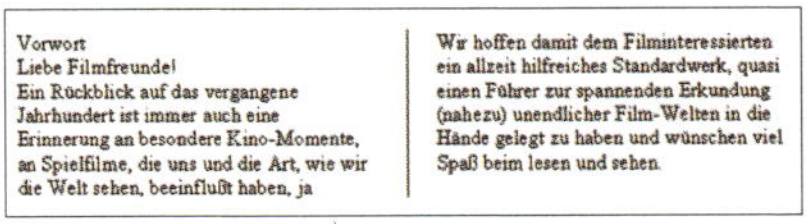

6 Wollen Sie nicht das gesamte Dokument mehrspaltig gestalten, setzen Sie die Einfügemarke vor den Beginn

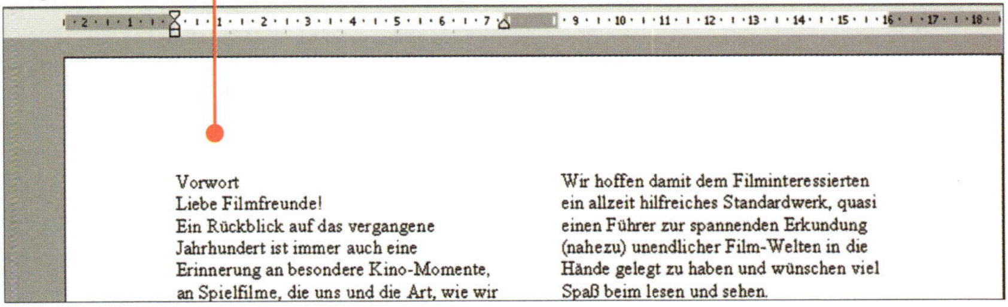

des Absatzes, ab dem Sie mehrere Spalten haben möchten.

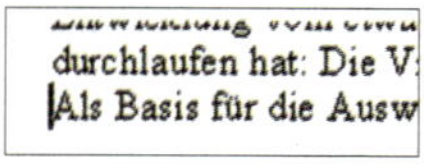

Danach öffnen Sie über das Menü „Format" und

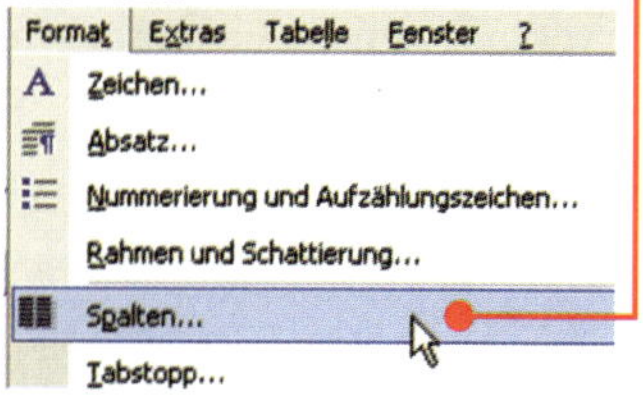

das Spalten-Dialogfenster.

Legen Sie dort zunächst die Spaltenanzahl fest,

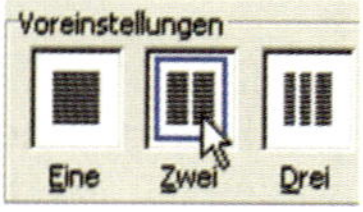

und klicken Sie dann im Bereich

auf den Pfeil, damit die dazugehörige Liste angezeigt wird. Wählen Sie dort per Mausklick die Option.

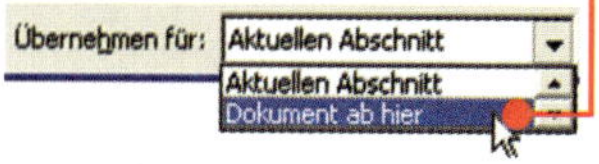

Nach einem Klick auf

erscheint Ihr Dokument in der gewünschten Darstellung.

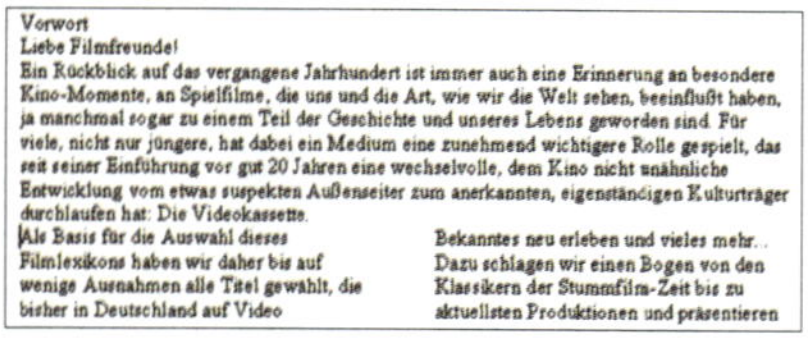
Vorwort
Liebe Filmfreunde!
Ein Rückblick auf das vergangene Jahrhundert ist immer auch eine Erinnerung an besondere Kino-Momente, an Spielfilme, die uns und die Art, wie wir die Welt sehen, beeinflußt haben, ja manchmal sogar zu einem Teil der Geschichte und unseres Lebens geworden sind. Für viele, nicht nur jüngere, hat dabei ein Medium eine zunehmend wichtigere Rolle gespielt, das seit seiner Einführung vor gut 20 Jahren eine wechselvolle, dem Kino nicht unähnliche Entwicklung vom etwas suspekten Außenseiter zum anerkannten, eigenständigen Kulturträger durchlaufen hat: Die Videokassette.

Als Basis für die Auswahl dieses Filmlexikons haben wir daher bis auf wenige Ausnahmen alle Titel gewählt, die bisher in Deutschland auf Video

Bekanntes neu erleben und vieles mehr... Dazu schlagen wir einen Bogen von den Klassikern der Stummfilm-Zeit bis zu aktuellsten Produktionen und präsentieren

7 Um Spalten unterschiedliche Breiten zuzuweisen, entfernen Sie mit einem Mausklick das Häkchen.

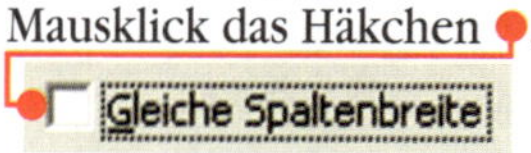

Daraufhin können Sie Breite und Abstand der einzelnen Spalten beliebig verändern.

8 Auch die Abstände zwischen den Spalten können Sie individuell bestimmen.

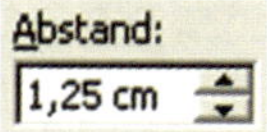

Das Vorschaubild

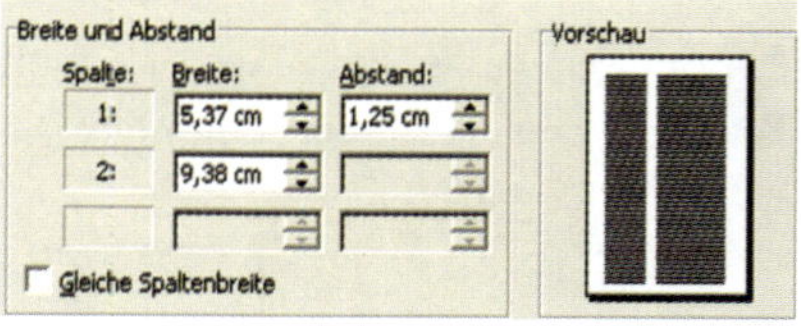

gibt Ihnen schon vorab einen Eindruck, wie sich Ihre Gestaltung im Dokument auswirken wird.

Kopf- und Fußzeilen einrichten

Kopf- und Fußzeilen erscheinen am oberen beziehungsweise unteren Seitenrand eines Dokuments. Normalerweise sind dort Seitenzahlen oder andere Informationen zum Dokument abzulesen.

1 Um Kopf- und Fußzeilen in Ihr Dokument einzufügen, klicken Sie zuerst in der Menüleiste auf

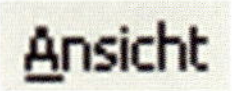

.

2 Im aufgeklappten Auswahlbereich klicken Sie dann auf

.

3 Daraufhin erscheinen ein durch gestrichelte Linien begrenzter Eingabebereich

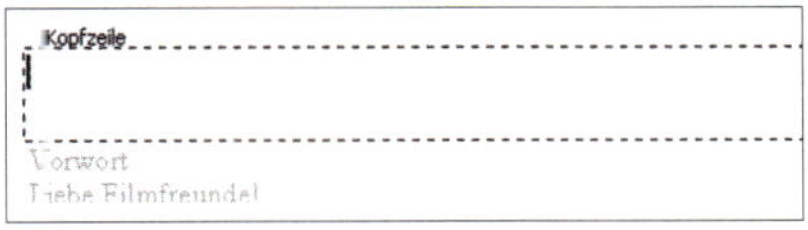

sowie eine Bearbeitungsleiste:

Der eigentliche Text ist im Hintergrund wesentlich blasser als üblich zu sehen.

4 Im Eingabereich der Kopfzeile können Sie beliebigen Text eintippen, beispielsweise den Titel Ihrer Publikation.

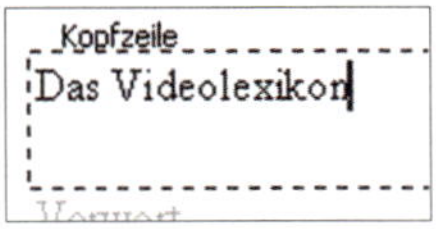

5 Wenn Sie in der Bearbeitungsleiste auf das Symbol

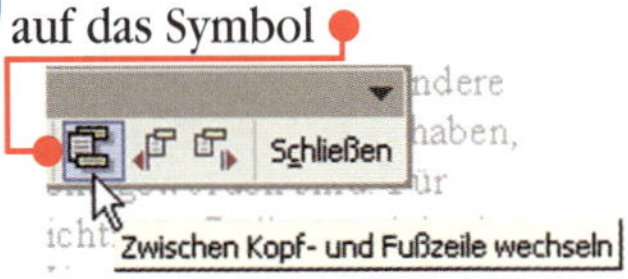

klicken, wechseln Sie zur Fußzeilenansicht,

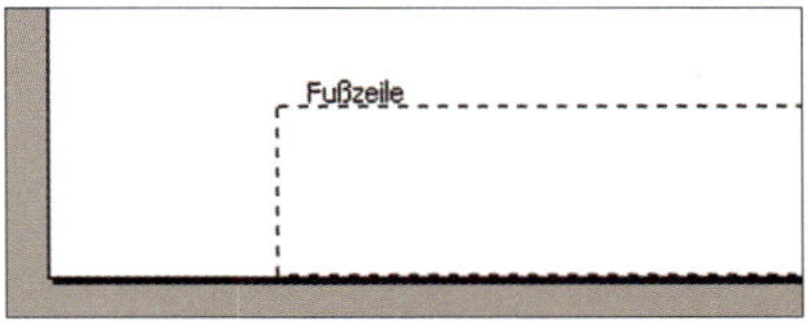

die Sie ebenso bearbeiten können. Dieses Symbol funktioniert wie ein Schalter. Sie können also durch Klicks zwischen dem Kopf- und Fußbereich hin und her wechseln.

6 Um die Kopf- und Fußzeilenansicht wieder zu verlassen, klicken Sie in der Bearbeitungsleiste auf

.

7 In der Layout-Ansicht Ihres Dokuments werden die Kopf- und die Fußzeile nun angezeigt.

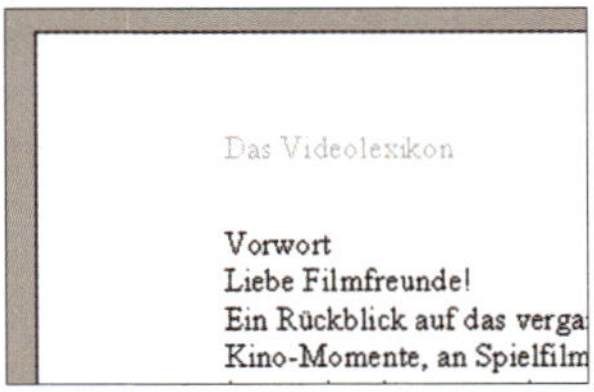

➔ Lassen Sie sich durch die blasse Darstellung des Kopfzeilentextes nicht verwirren. Word nimmt dieses Abblenden nur vor, um Ihnen bei der Gestaltungsarbeit die Unterscheidung zwischen Text und Kopf-/Fußzeilenbereich zu erleichtern.

➔ In der Normalansicht können Sie die Kopf- und Fußzeilen natürlich nicht sehen, da in dieser Ansichtsform ja keine Seitenumbrüche durchgeführt werden und deshalb die Seitenränder, in denen Kopf- und Fußzeile eingebettet sind, nicht erscheinen.

Kopf- und Fußzeilen weiterbearbeiten

1 Um Kopf- und Fußzeilen weiterzubearbeiten, genügt es, doppelt in den jeweiligen Bereich zu klicken.

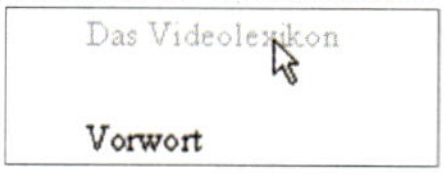

Das heißt: Sind diese Zeilen erst einmal angelegt, können Sie sich den Weg über die Menüs sparen. Nach dem **Doppelklick** befinden Sie sich gleich wieder in der passenden Arbeitsumgebung.

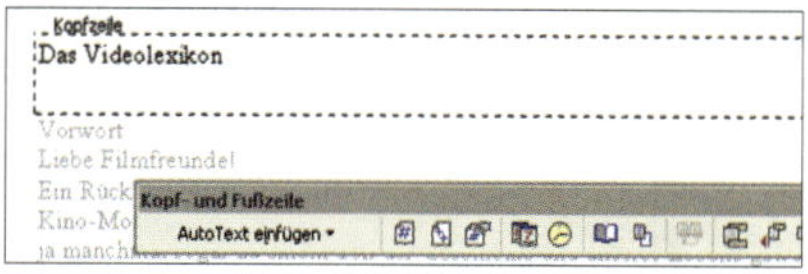

2 Einige für Kopf- und Fußzeilen typische Einträge stellt Word direkt in der Bearbeitungsleiste zur Verfügung.

So können Sie per Mausklick auf

Seitenzahlen einfügen.

Aber auch Datum

und Uhrzeit

stehen Ihnen in der Bearbeitungsleiste als Blitzeintrag zur Verfügung.

➔ Word versieht die Seiten Ihres Dokuments automatisch mit fortlaufenden Seitenzahlen. Sie müssen sie also nicht etwa separat auf jeder Seite per Hand einsetzen. Wie Sie Datum und Uhrzeit zum Druckzeitpunkt aktualisieren, erfahren Sie in Kapitel 7.

3 Die Seitenzahlen gehören zu den häufigsten Einträgen in Kopf- und Fußzeilen. Sie erhalten daher direkt in der Bearbeitungsleiste per Mausklick

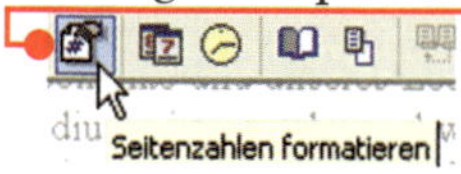

Zugriff auf die Formatierungsoptionen.

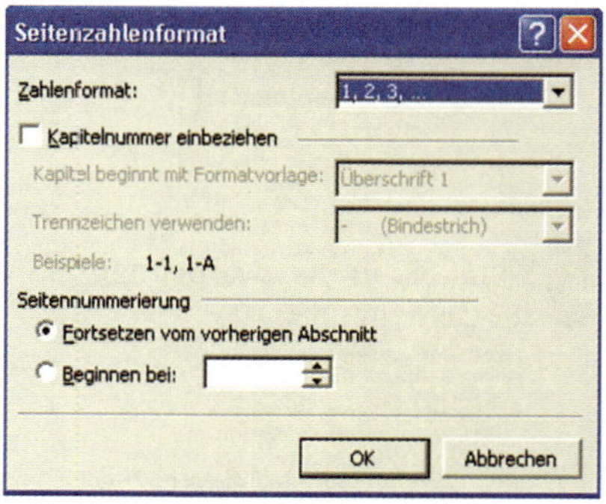

4 Per Klick auf den nach unten weisenden Pfeil

öffnen Sie eine Liste, aus der Sie sich eine Gestaltungsweise aussuchen können.

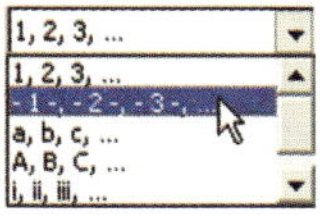

5 Wenn Sie die Nummerierung der Seiten nicht mit einer 1 beginnen lassen möchten, wählen Sie per Mausklick im Bereich

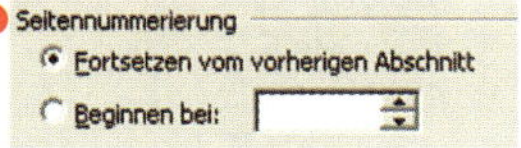

die Option

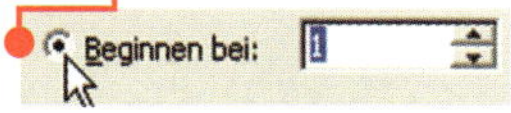

aus und tragen die entsprechende Zahl ein.

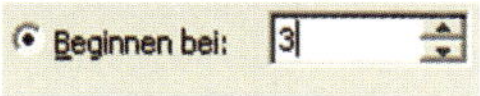

Das ist beispielsweise sinnvoll, falls Ihr Dokument mit einem Einband versehen wird.

6 Klicken Sie in der Bearbeitungsleiste auf den Eintrag ,

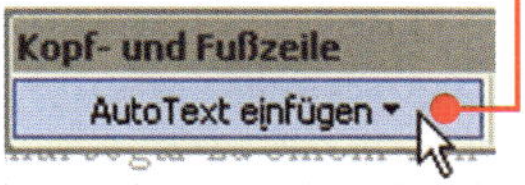

stehen Ihnen weitere automatisierte Einträge zur Verfügung, die Sie per Mausklick einfügen können.

7 Um sich weitere Gestaltungsmöglichkeiten der Kopf- und Fußzeilen zu erschließen, klicken Sie in der Menüleiste auf

und dann auf

.

8 Wählen Sie im Dialogfenster, das sich daraufhin öffnet,

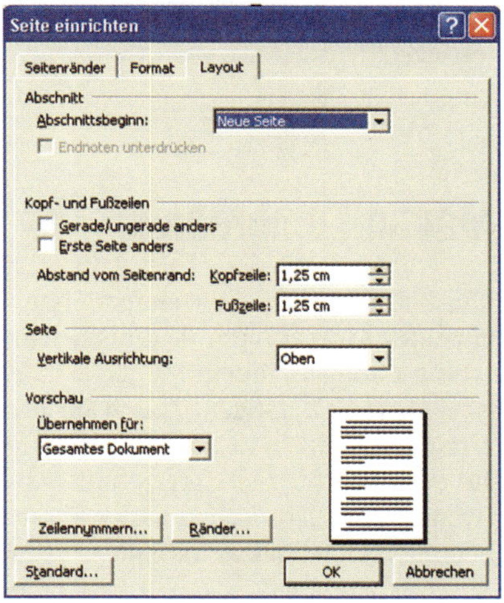

das Register

.

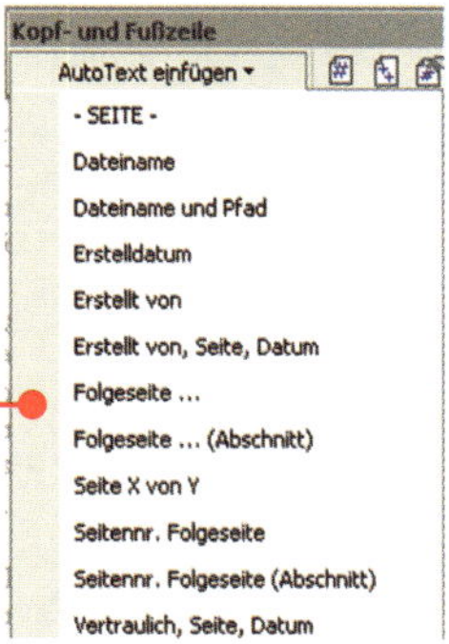

9 Abstände vom Rand ● oder unterschiedliche Zeilen für gerade und ungerade Seiten ● können Sie im gezeigten Bereich

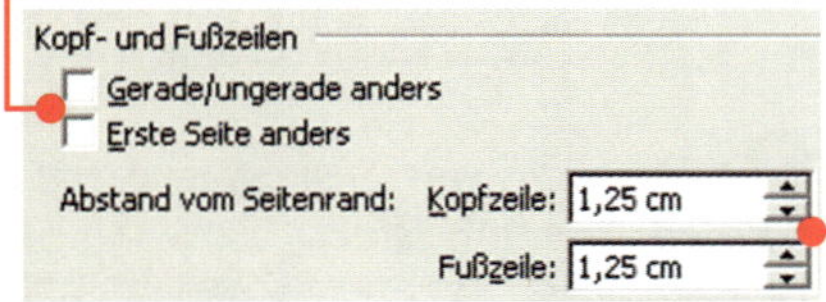

festlegen.

Manuell umbrechen

Word schreibt Text fortlaufend untereinander. Zwar können Sie künstlich Abstände einfügen, indem Sie die **Absatzschaltung** ↵ betätigen. Wollen Sie aber erreichen, dass ein folgender Absatz erst auf der nächsten Seite fortgeführt wird (wenn beispielsweise ein neues Kapitel beginnt), sollten Sie keinesfalls so lange Absatzschaltungen eingeben, bis das Seiten-Ende erreicht wird. Nutzen Sie stattdessen die von Word gebotene Möglichkeit, Umbrüche zu erzwingen.

1 Setzen Sie zunächst die Einfügemarke an die Stelle in Ihrem Text, an der Sie eine neue Seite beginnen wollen.

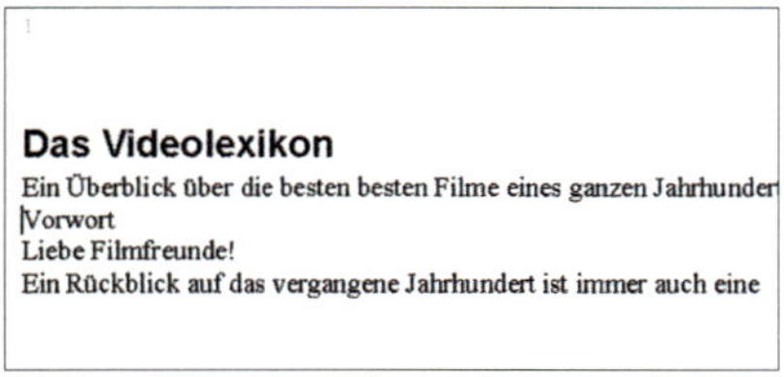
Das Videolexikon
Ein Überblick über die besten besten Filme eines ganzen Jahrhundert
Vorwort
Liebe Filmfreunde!
Ein Rückblick auf das vergangene Jahrhundert ist immer auch eine

2 Klicken Sie dann in der Menüleiste auf

und im aufgeklappten Menü auf ●,

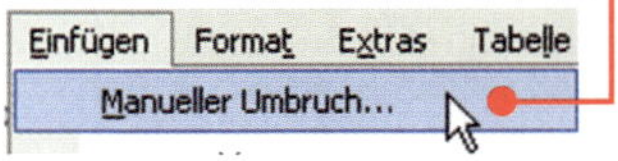

damit das gleichnamige Fenster geöffnet wird.

3 Belassen Sie es bei der eingestellten Auswahl

,

und bestätigen Sie mit

.

4 Anschließend wird an der Stelle, an der Sie die Einfügemarke platziert hatten, ein Seitenumbruch durchgeführt.

Das Videolexikon
Ein Überblick über die besten besten Filme eines ganzen Jahrhundert

Das bedeutet, der Text, der sich hinter der Einfügemarke befand, steht nun auf der nachfolgenden Seite.

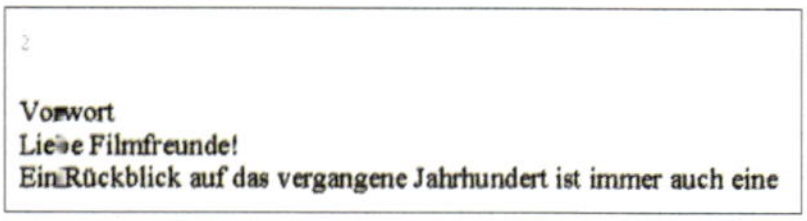

5 Klicken Sie in der Symbolleiste auf

, um die nicht druckbaren Zeichen einzublenden. Jetzt sehen Sie auch einen Hinweis auf den Seitenumbruch.

6 Auf vergleichbare Weise können Sie in mehrspaltigen Dokumenten auch einen Spaltenumbruch durchführen. Dazu brauchen Sie im Fenster „Manueller Umbruch" nur die entsprechende Option auszuwählen.

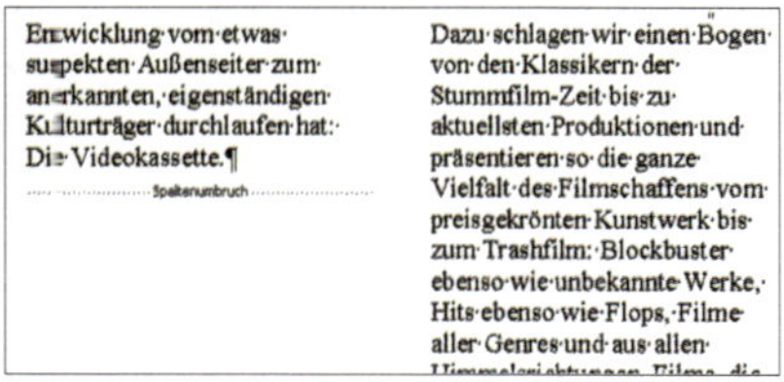

Silbentrennung

Auch die Silbentrennung hat einen nicht unerheblichen Einfluss auf das Gesamtbild Ihres Textes. Word bietet Ihnen eine vollautomatische Hilfe an.

1 Klicken Sie zuerst auf den Menüeintrag

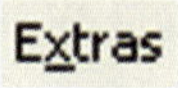

, und führen Sie dann den Mauszeiger über den Eintrag

, bis ein Untermenü aufklappt:

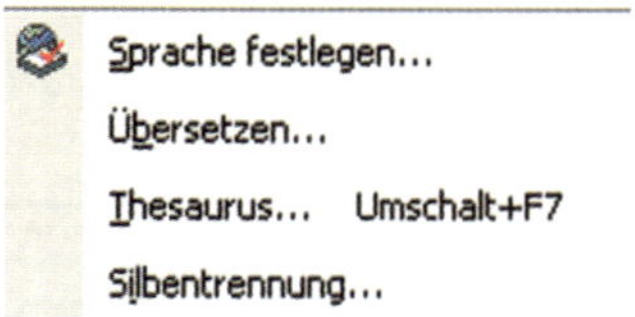

2 Klicken Sie dort auf den Eintrag

.

3 Im Fenster, das sich daraufhin öffnet,

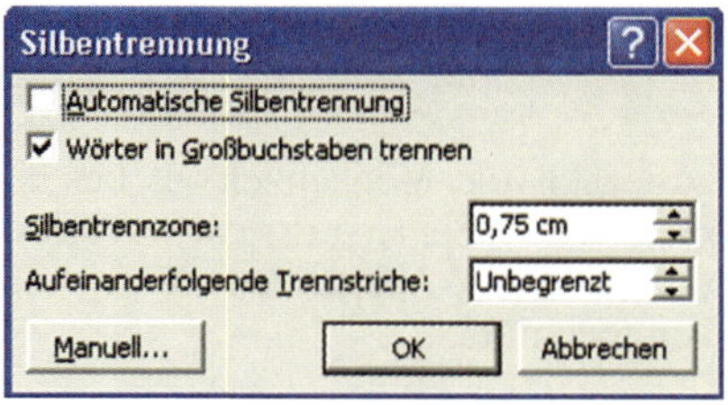

versehen Sie die Option

per Mausklick mit einem Häkchen

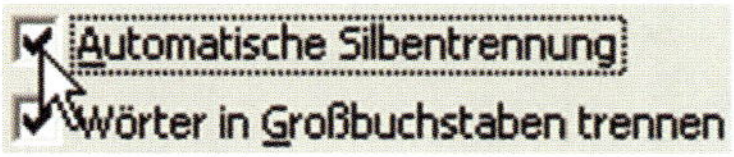

und bestätigen mit

.

4 Word durchforstet anschließend Ihren Text und führt die Silbentrennungen durch.

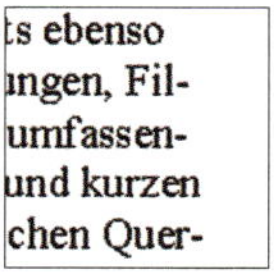

5 Über den Eintrag „Silbentrennzone“ aus dem Fenster in Schritt 3

können Sie bei Bedarf festlegen, wie sensibel die automatische Silbentrennung agiert. Je kleiner der Wert ist, den Sie hier einsetzen, desto mehr Trennungen nimmt Word vor, was zu einem ausgeglicheneren Satzbild führt. Andererseits stören zu viele Trennungen den Lesefluss. Aus diesem und aus optischen Gründen haben Sie in der Auswahlbox

zusätzlich die Möglichkeit zu bestimmen, wie viele Trennstriche in direkt untereinander liegenden Zeilen vorkommen dürfen.

6 Wörter in Großbuchstaben, wie beispielsweise das Wort NASA, werden normalerweise nicht getrennt. Soll das trotzdem geschehen, müssen Sie dies ausdrücklich durch Auswahl der Option

anordnen.

7 Die Silbentrennfunktion von Word arbeitet zwar sehr zuverlässig. Aber alle Spezialfälle können naturgemäß nicht abgedeckt werden. Falls Sie daher die Kontrolle über die Silbentrennung nicht ganz aus der Hand geben möchten, klicken Sie im Einstellungsfenster

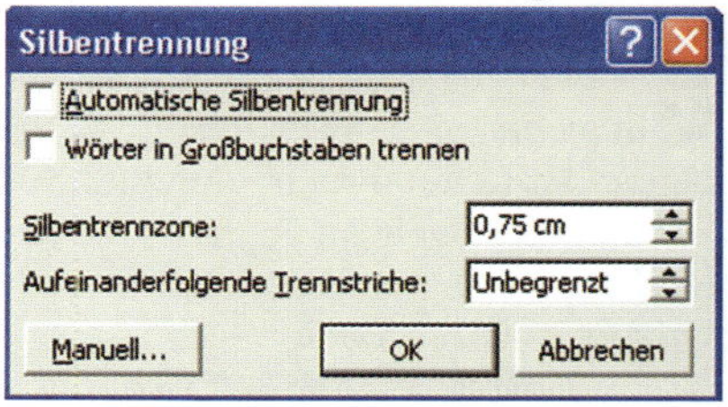

auf den Eintrag

.

Word unterbreitet Ihnen daraufhin Vorschläge zur Silbentrennung,

die Sie per Mausklick annehmen oder verwerfen können.

4 Fehlerfreie Texte schreiben

Word bietet Ihnen nicht nur eine Fülle von Möglichkeiten, wie Sie einen Text gestalten können, sondern hilft Ihnen auch dabei, bessere Texte zu schreiben: Die Rechtschreibprüfung weist Sie auf mögliche orthographische Fehler hin, und die Funktion Autokorrektur ersetzt sogar selbstständig typische Tippfehler. Auch grammatikalische Ungereimtheiten werden teilweise automatisch erkannt. Darüber hinaus bietet Ihnen Word Hilfestellung, einen treffenden Ausdruck zu finden, und lässt sich sogar als Übersetzungshelfer zu Rate ziehen.

Im vierten Kapitel dieses Buches erfahren Sie,
- wie Ihnen Word schon bei der Texteingabe auf die Finger sieht,
- wie Sie Words Prüffunktionen auf Ihre Bedürfnisse einstellen,
- und wie Sie Word als Schreibhelfer und Übersetzer nutzen.

Kapitel-Wegweiser

Unsichtbare Helfer ... 42
- Rechtschreibprüfung ... 42
- Grammatikprüfung ... 43
- Autokorrektur ... 43
- Auf Hilfe verzichten ... 44
- Nachträgliche Rechtschreibprüfung ... 44

Wörterbücher ... 46

Autokorrektur ... 49
- Löschen eines Eintrags ... 50
- Optionen und Ausnahmen ... 50

Autotext ... 51
- Autotext-Eintrag einfügen ... 51
- Autotext-Eintrag schneller einfügen ... 52
- Einträge erstellen ... 53
- Autotext-Einträge sicher und schnell ... 54

Thesaurus ... 54

Word und fremde Sprachen ... 56
- Übersetzen während der Arbeit ... 57

Text automatisch zusammenfassen ... 57

Unsichtbare Helfer

Sobald Sie mit Word die ersten Buchstaben eintippen, beginnen hilfreiche Geister im Hintergrund für Sie zu arbeiten.

Rechtschreibprüfung

Wahrscheinlich sind Ihnen schon bei den ersten paar Sätzen, die Sie einfach drauflos geschrieben haben, rote Schlangenlinien unter einem falsch geschriebenen Wort aufgefallen.

Ein Tippfuhler ist schnell passiert

Die automatisch (und unbemerkt) im Hintergrund mitlaufende Rechtschreibprüfung von Word macht Sie dadurch auf ein eventuell fehlerhaft geschriebenes Wort aufmerksam.

Sowie Sie die falsche Schreibweise korrigieren, verschwindet die Schlangenlinie.

Ein Tippfehler ist schnell passiert

1 Kennen Sie die korrekte Schreibweise eines Wortes nicht, klicken Sie das beanstandete Wort mit der rechten (!) Maustaste an. Daraufhin öffnet sich ein **Kontextmenü** ●, aus dem Sie den Vorschlag mit einem **Mausklick** übernehmen können.

2 Mitunter wird es jedoch vorkommen, dass die Rechtschreibprüfung eine Schreibweise bemängelt, die völlig korrekt ist. Vor allem bei Eigennamen kommt dies natürlich häufig vor. Sie können Word daher anweisen, eine bestimmte Schreibweise künftig zu akzeptieren. Klicken Sie dazu im Kontextmenü auf den Eintrag ●.

Innerhalb des Dokuments, das Sie gerade bearbeiten, erkennt Word diese Schreibweise dann als richtig an.

3 Falls es sich um einen Ausdruck handelt, den Sie immer wieder (also auch in anderen Dokumenten) verwenden werden, klicken Sie im Kontextmenü auf ●.

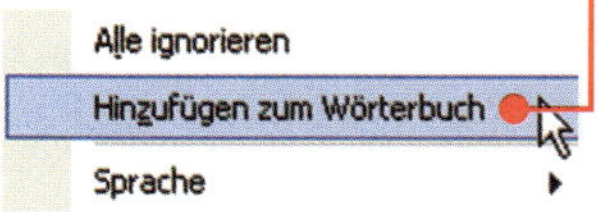

Word führt nämlich ständig einen Vergleich des Geschriebenen mit einem integrierten Wörterbuch durch

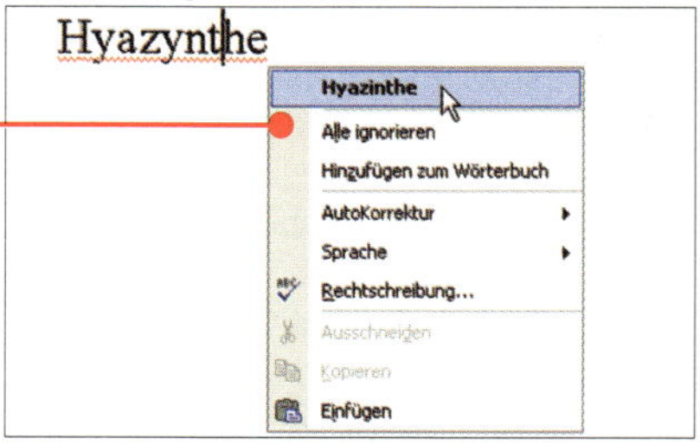

und meldet sich, sobald es dort ein Wort nicht findet. Fügen Sie das Wort wie eben beschrieben diesem Wörterbuch hinzu, wird es künftig auch in anderen Dokumenten nicht mehr beanstandet.

Grammatikprüfung

Mit der Grammatikprüfung geht Word über das einfache Vergleichen von geschriebenen Wörtern mit seinem integrierten Sprachschatz hinaus. So ist im folgenden Beispiel

Einer Fehler passiert schnell.

jedes Wort für sich alleine genommen korrekt geschrieben. Word macht jedoch mit der grünen Schlangenlinie darauf aufmerksam, dass vermutlich doch ein Tippfehler vorliegt.

Um diesen zu beheben, brauchen Sie nur mit der rechten (!) Maustaste auf das unterlegte Wort zu klicken und aus dem Kontextmenü den Verbesserungsvorschlag anzunehmen.

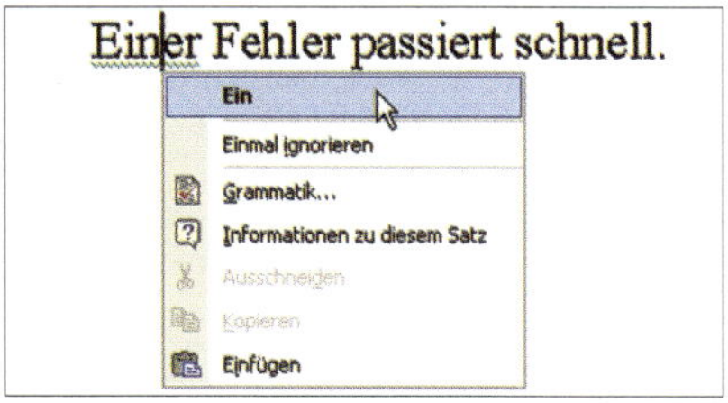

Anschließend fügt Word die grammatikalisch korrekte Form ein.

Ein Fehler passiert schnell.

Autokorrektur

Ganz gleich, ob Sie mit zehn Fingern über die Tastatur flitzen oder sich mit abgespreizten Zeigefingern Buchstabe für Buchstabe erkämpfen - manche Tippfehler unterlaufen beiden Schreibertypen immer wieder. So kommt es beispielsweise häufig vor, dass man ein Wort am Satzanfang versehentlich klein schreibt.

schnell. es

Solche typischen Fehler korrigiert Word automatisch. Das erkennen Sie daran, dass unter dem Buchstaben ein kleiner blauer Querbalken erscheint, sobald Sie den Mauszeiger über das korrigierte Wort führen.

schnell. Es

1 Wenn Sie mit der Maus einen Augenblick über diesem Balken verweilen, erhalten Sie Zugriff auf die Autokorrektur-Optionen. Klicken Sie dazu auf den nach unten weisenden Pfeil ●.

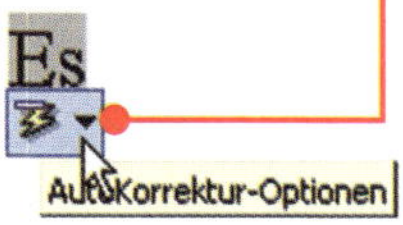

2 Falls es erforderlich sein sollte, können Sie die Autokorrektur dann rückgängig machen.

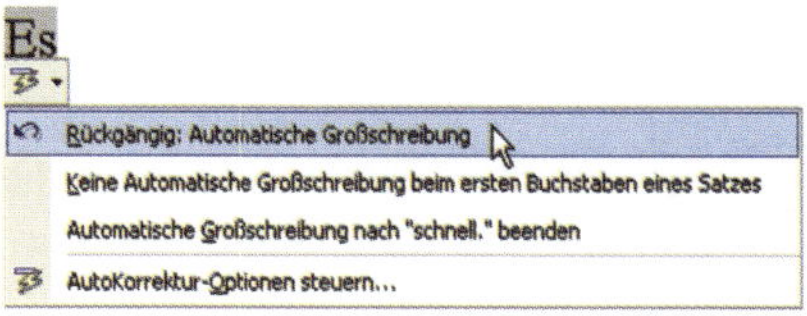

Auf Hilfe verzichten

Rechtschreib- und Grammatikprüfung sind zwar sehr hilfreich, mitunter kann es aber sein, dass Sie bewusst auf die ungefragte Hilfe verzichten möchten. Schreiben Sie beispielsweise einen Text, in dem sehr viele Eigennamen vorkommen, die Word natürlich nicht als solche erkennen kann, sind die vielen Schlangenlinien häufig störend. Sie können die automatischen Prüffunktionen von Word daher deaktivieren.

1 Klicken Sie hierzu im Menü auf

dann auf den Eintrag

und schließlich im geöffneten Fenster auf den **Registerreiter**

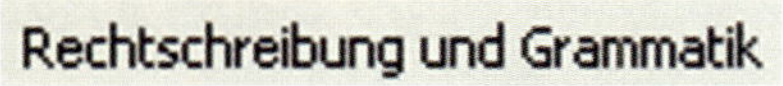

.

2 In der dazugehörigen Registerkarte klicken Sie in das Options-Kästchen neben dem Eintrag ,

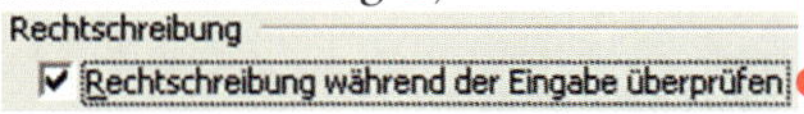

so dass der Haken in diesem Kästchen verschwindet:

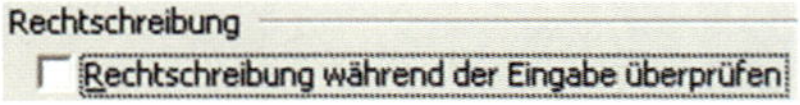

3 Auf diese Weise können Sie auch die Grammatikprüfung außer Kraft setzen.

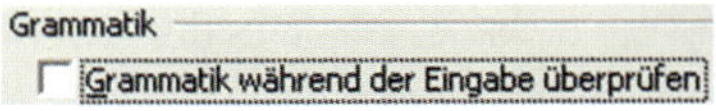

4 Nachdem Sie Ihre Änderungen mit

bestätigt haben, können Sie tippen, ohne dass sich Word einmischt.

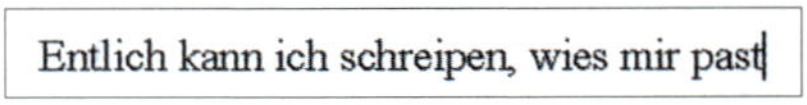

5 Wollen Sie wieder auf die Hilfe während der Eingabe zurückgreifen, gehen Sie erneut den Weg durch die Menüs, wie oben beschrieben, und klicken dann jedoch in die Auswahlkästchen, damit diese wieder mit einem Häkchen versehen werden.

Nachträgliche Rechtschreibprüfung

Auch wenn man auf die automatische Rechtschreibprüfung während der Eingabe verzichtet, kann man die Prüffunktion von Word nutzen. Gerade bei größeren Dokumenten bietet es sich an, Korrekturdurchläufe am Ende der Texterfassung zu machen.

1 Um den Korrekturlauf zu starten, klicken Sie in der **Menüleiste** auf den Eintrag

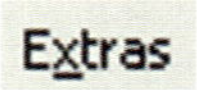

und im aufgeklappten Menü auf den Eintrag .

Das Prüffenster öffnet sich.

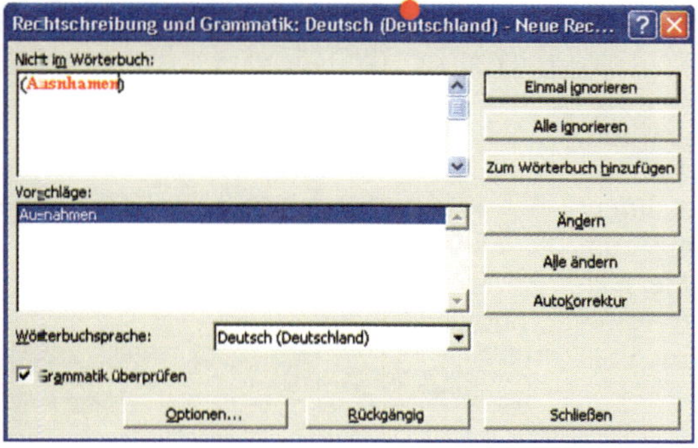

➔ Im Bereich

steht das Wort, dessen Schreibweise angezweifelt wird.

➔ Im Bereich

wird der Verbesserungsvorschlag unterbreitet.

2 Um den Vorschlag anzunehmen, stehen Ihnen die folgenden Möglichkeiten zur Verfügung:

➔ Wenn Sie möchten, dass die Korrektur in diesem einen Fall vorgenommen wird, klicken Sie auf

.

➔ Um jedes Vorkommen des monierten Wortes in diesem Dokument durch den Vorschlag zu ersetzen, klicken Sie auf

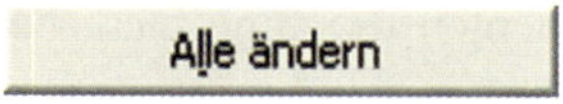

.

➔ Und falls es sich um einen für Sie typischen Tippfehler handelt, können Sie die Ersetzung sogar der automatischen Korrektur unterwerfen, indem Sie auf

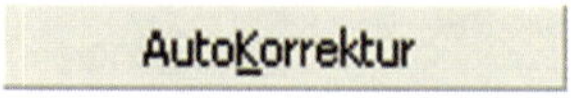

klicken.

3 Wollen Sie die vorgeschlagene Korrektur nicht annehmen, haben Sie folgende Möglichkeiten:

➔ Klicken Sie auf

,

um die Korrektur in diesem konkreten Fall abzulehnen. Sowie die angezweifelte Schreibweise dann das nächste Mal vorkommt, wird sie Ihnen wieder zur Begutachtung vorgelegt.

➔ Wenn Sie die Schreibweise im gesamten Dokument durchgehen lassen möchten, klicken Sie auf

.

➔ Sind Sie der Meinung, dass Ihre Schreibweise völlig zu Unrecht angemahnt wurde, das Wort also lediglich Word unbekannt ist, klicken Sie auf

.

Das Wort wird dann dem Wörterbuch hinzugefügt und auch in anderen Dokumenten als richtig anerkannt.

4 Haben Sie eine Aktion ausgewählt, egal ob Sie einem Korrekturvorschlag zustimmen oder ihn ablehnen, springt die Rechtschreibprüfung zum nächsten Zweifelsfall. Sollten Sie feststellen, dass Sie eine Korrektur versehentlich ausgeführt haben, können Sie sie mit **Rückgängig** ungeschehen machen.

5 Damit der Korrekturlauf beendet wird, klicken Sie auf **Schließen**.

Wörterbücher

Wie Sie bei der Beschreibung der Rechtschreibprüfung gesehen haben, können Sie das Wörterbuch, auf dessen Basis die Prüffunktion durchgeführt wird, nach und nach auf Ihre persönlichen Schreib-Bedürfnisse einstellen. Würden Sie allerdings alle Spezialbegriffe, mit denen Sie in Ihrem Beruf zu tun haben, oder alle Namen von Personen, die in Ihren Dokumenten vorkommen, erfassen, hätte das Benutzerwörterbuch schon bald einen gewaltigen Umfang. Über kurz oder lang würde die Bearbeitungsgeschwindigkeit der Rechtschreibprüfung darunter leiden. Sie haben daher die Möglichkeit, Spezialwörterbücher anzulegen.

Stellen Sie sich zum Beispiel vor, Sie schreiben öfter Sportberichte und wollen daher die teils exotischen Sportlernamen in ein separates Wörterbuch aufnehmen:

1 Klicken Sie zuerst in der Menüleiste auf **Extras** und danach auf **Optionen...**.

2 Aus den Registern, die Ihnen daraufhin angeboten werden,

wählen Sie per Mausklick auf den Registerreiter **Rechtschreibung und Grammatik** die Rechtschreib-Optionen.

3 Im Bereich

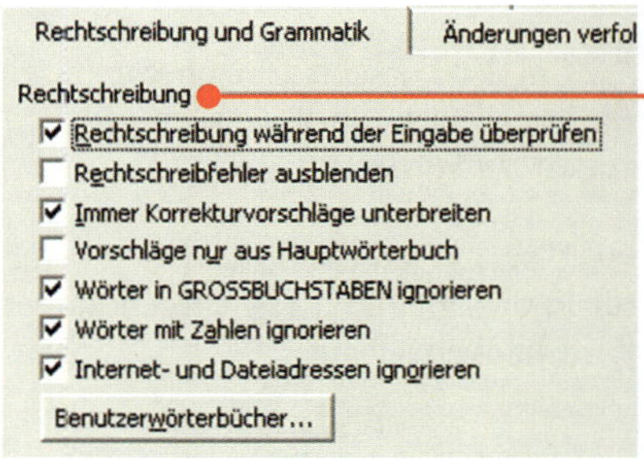

klicken Sie dann auf die Schaltfläche **Benutzerwörterbücher...**.

4 Anschließend öffnet sich ein Fenster, in dem die Benutzerwörterbücher aufgelistet sind.

Da Sie noch kein eigenes Buch angelegt haben, steht dort natürlich nur ein Eintrag.

5 Wenn Sie jetzt auf die Schaltfläche

klicken, wird ein **Dateimanager**-Fenster angezeigt.

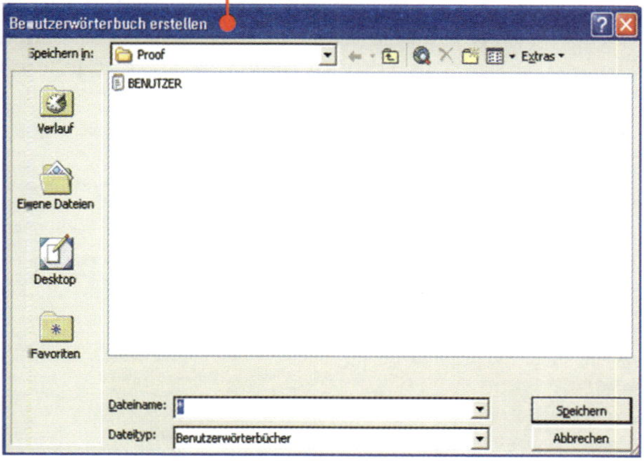

6 Belassen Sie alle Einstellungen, wie sie sind. Lediglich im Feld

geben Sie Ihrem Wörterbuch einen Namen und klicken danach auf

.

7 Das Fenster, in dem die Wörterbücher aufgelistet sind, enthält jetzt ein zweites Buch, nämlich zusätzlich zum „Benutzer.dic“ dasjenige, das Sie gerade angelegt haben.

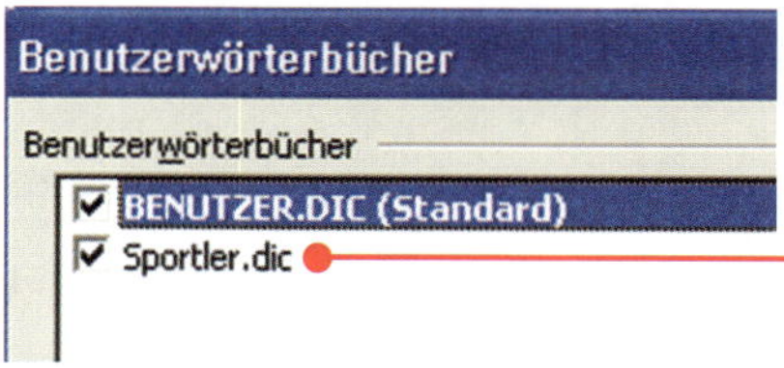

8 Klicken Sie Ihr Spezialwörterbuch an, um eine Markierung zu setzen,

und klicken Sie anschließend auf

.

9 Im Bearbeitungsfenster, das sich daraufhin öffnet,

können Sie Namen von Sportlern oder andere themenbezogene Spezialausdrücke eintragen

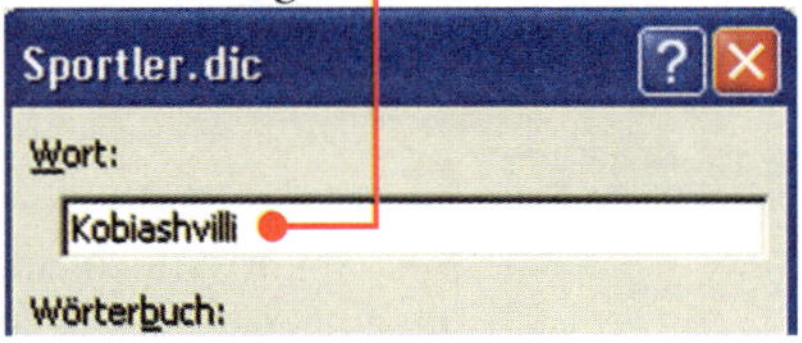

und per Klick auf

übernehmen.

10 Mit einem Klick auf

verlassen Sie das Eingabefenster und kehren zum Fenster, in dem die Benutzerwörterbücher gelistet sind, zurück. Achten Sie darauf, dass beide aktiviert sind, was Sie an den Häkchen in den Auswahlkästchen erkennen können.

11 Zum Schluss klicken Sie noch einmal auf

.

12 Geben Sie zu Testzwecken gleich einen Beispieltext ein, in dem eines der Wörter, die Sie Ihrem Benutzerwörterbuch hinzugefügt haben, vorkommt.

> Kobiashvilli gehört seit Jahren zu den beständigsten Defensivspielern in der Bundesliga.

Wenn Sie die Schreibweise bewusst ein klein wenig verändern, erhalten Sie wie erwartet eine Fehlermeldung. Ein Rechtsklick auf das beanstandete Wort öffnet das Kontextmenü, in dem die korrekte Schreibweise jetzt auch als Verbesserungsvorschlag angeboten wird.

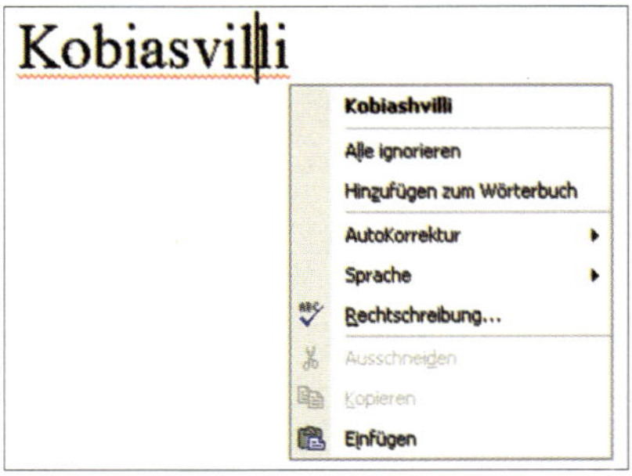

Autokorrektur

Mit der Rechtschreibprüfung von Word ist es geradezu ein Klacks, Tippfehler im Nachhinein zu korrigieren. Angenehmer ist es natürlich, wenn typische Fehler gleich gar nicht erst auf dem Bildschirm erscheinen. Daher können Sie auch die Autokorrektur-Funktion wunschgemäß anpassen.

1 Klicken Sie in der Menüleiste auf den Eintrag

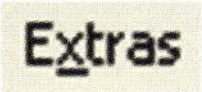

und danach auf

, um Zugang zu den Autokorrektur-Optionen zu erhalten.

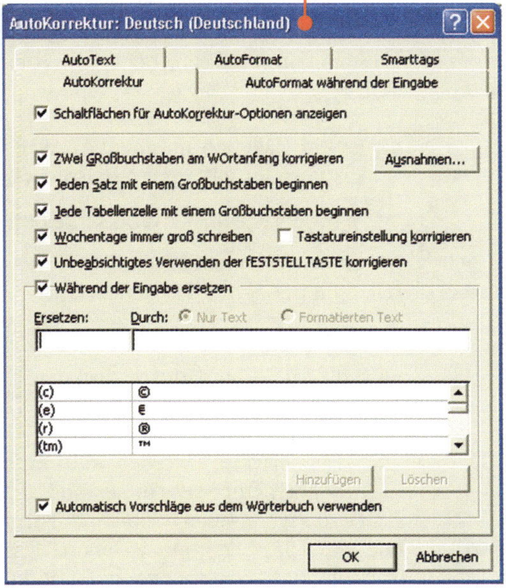

> **Tipparbeit sparen**
>
> Sie können die Autokorrektur-Funktion natürlich auch dazu nutzen, sich immer wiederkehrende Tipparbeit zu ersparen. Versehen Sie beispielsweise Ihre Initialen mit einem Autokorrektur-Eintrag, der Ihre komplette Adresse angibt. Bedenken Sie jedoch, dass die Autokorrektur-Funktion lediglich Ersetzungen mit bis zu 255 Zeichen zulässt. Wollen Sie längere Einträge automatisieren, verwenden Sie die Autotext-Funktion, die ebenfalls in diesem Kapitel beschrieben wird.

2 Jetzt tippen Sie ein Wort, das Sie in der Regel falsch schreiben, im Feld „Ersetzen“

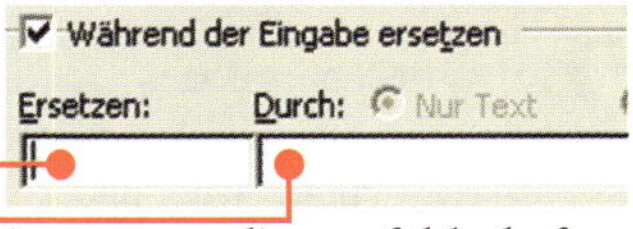

in genau dieser fehlerhaften Schreibweise ein.
Die korrekte Schreibweise des Wortes tragen Sie dann im Feld ein.

3 Wenn Sie anschließend auf

klicken, wird diese Ersetzung dem Fundus an Autokorrekturen hinzugefügt.

4 Mit einem Mausklick auf

schließen Sie den Vorgang ab. Schreiben Sie das Wort zum Test bewusst falsch, werden Sie sehen, dass Word automatisch die Ersetzung vornimmt.

Löschen eines Eintrags

1 Um eine Autokorrektur-Maßnahme künftig zu verhindern, rufen Sie wieder das Dialogfeld auf, indem Sie

und

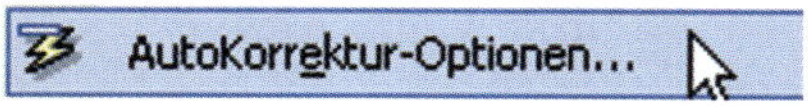

anklicken.

2 Im unteren Teil des Dialogfensters sind die in der Autokorrektur erfassten Ausdrücke aufgelistet.

Über die Laufleiste ● können Sie sich durch die vorhandenen Einträge bewegen.

3 Markieren Sie den Eintrag, den Sie löschen möchten,

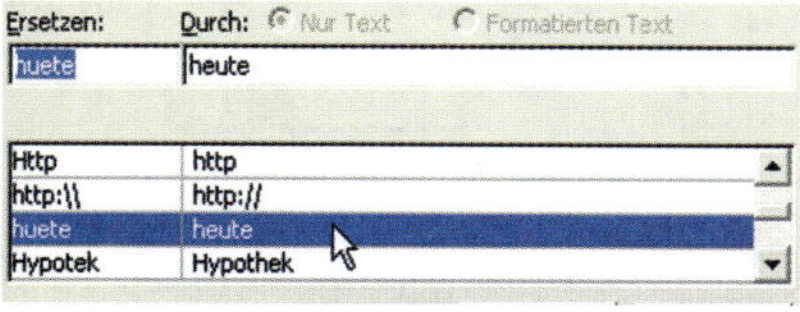

und klicken Sie auf

.

4 Per Klick auf die Schaltfläche

verlassen Sie das Dialogfeld wieder.

Optionen und Ausnahmen

Im Optionsfenster der Autokorrektur können Sie im Bereich

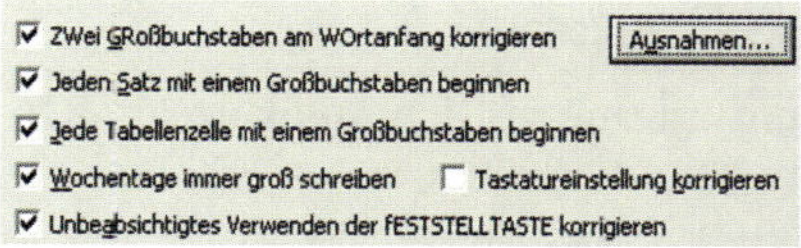

per Mausklick einzelne Autokorrektur-Maßnahmen zulassen oder unterbinden.

● Ist ein Häkchen in einem Auswahlkästchen zu sehen, zum Beispiel ●,

ist die Funktion aktiv. Nehmen Sie das Häkchen per Mausklick heraus ●,

wird die Funktion dadurch deaktiviert, also außer Kraft gesetzt.

● Normalerweise werden Sie eine Autokorrektur-Maßnahme nur deaktivieren, wenn sie in irgendeiner Form unerwünschte Ergebnisse liefert. Das ist möglicherweise aber gar nicht nötig, denn Sie können auch Ausnahmen zu Autokorrekturen festlegen.

So wissen Sie es beispielsweise zwar zu schätzen, dass Word einen Satzbeginn automatisch mit einer Großschreibung beginnt, wenn die Option

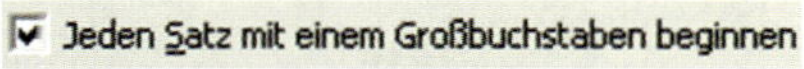

aktiv ist. Da Word einen Satzbeginn aber am vorangehenden Punkt erkennt, kommt es nach Abkürzungen zu unerwünschten Großschreibungen. Klicken Sie daher auf

,

um Ausnahmen festzulegen. Wie Sie sehen, hat Word viele gängige Abkürzungen bereits als Ausnahmen definiert.

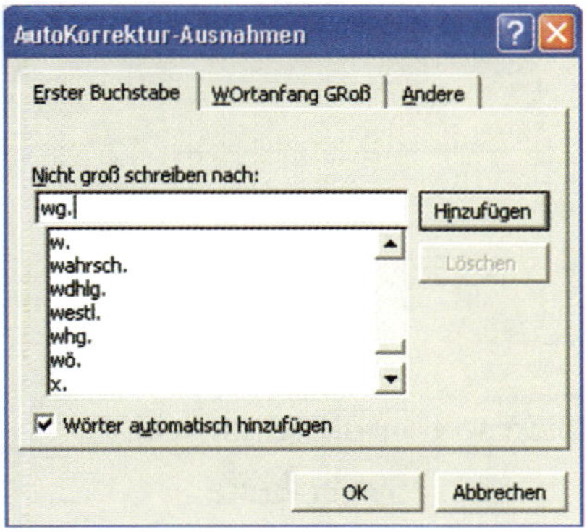

Wenn Sie also eine Abkürzung verwenden, die sich nicht in der Liste finden lässt, schreiben Sie sie in das Eingabefeld

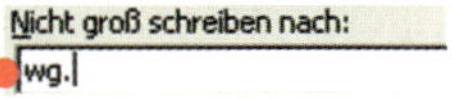

und klicken auf

.

Zum Schluss folgt nur noch ein Klick auf

.

Autotext

Mit der Autotext-Funktion können Sie immer wieder benötigte Standard-Floskeln mit wenigen Mausklicks in Ihr Dokument einfügen.

Autotext-Eintrag einfügen

Word verfügt von Haus aus bereits über eine Sammlung von Autotext-Einträgen.

1 Öffnen Sie per Mausklick auf

zunächst das benötigte Menü, und führen Sie dann den Mauszeiger über den Eintrag

,

bis sich seitlich das Autotext-Menü öffnet.

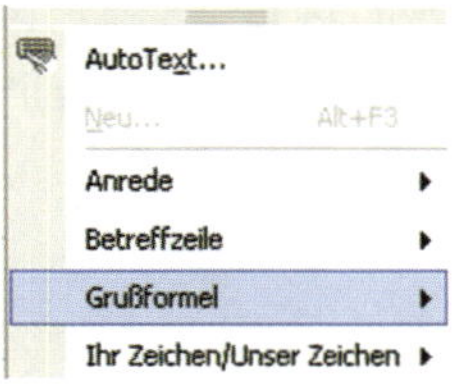

2 Sobald Sie den Mauszeiger über eine der Kategorien führen, etwa

, werden Ihnen verschiedene Einträge angeboten.

3 Klicken Sie auf eine der Standardfloskeln,

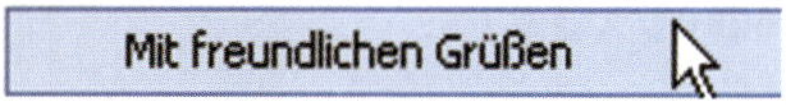

, erscheint die Formulierung in Ihrem Text.

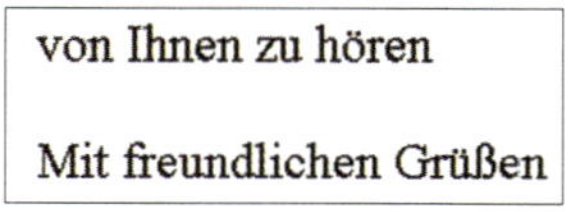

Autotext-Eintrag schneller einfügen

Der Weg durch die Menüs ist natürlich recht umständlich, um ein banales „Bis bald“ einzugeben. Sie haben daher die Möglichkeit, den Zugriff auf die Autotext-Einträge zu beschleunigen:

1 Klicken Sie im Autotext-Menü, wie es sich im Schritt 1 des letzten Abschnitts darstellt, auf den Eintrag

.

2 Im Autotext-Register, das sich daraufhin öffnet,

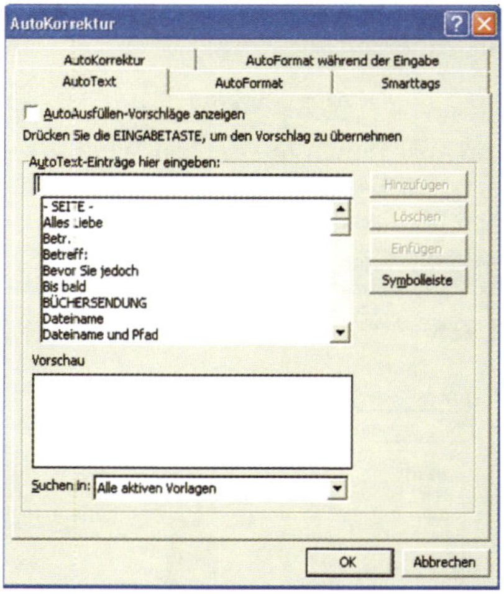

klicken Sie auf die Schaltfläche

.

Der Zugriff auf die Autotext-Einträge ist nun über eine Arbeitsleiste unterhalb der Symbolleisten möglich.

! Freie Sicht

Damit die Autotext-Leiste wieder ausgeblendet wird, klicken Sie in der Menüleiste auf

, führen dann den Mauszeiger über den Eintrag

und klicken schließlich in der seitlich aufgeklappten Auswahl auf

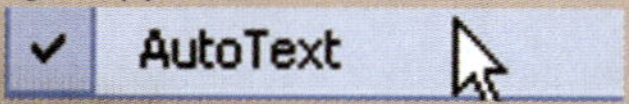

.

3 Hier brauchen Sie künftig nur auf

Alle Einträge ▾

zu klicken, um an Anreden, Grußformeln und sonstige Autotext-Kategorien heranzukommen.

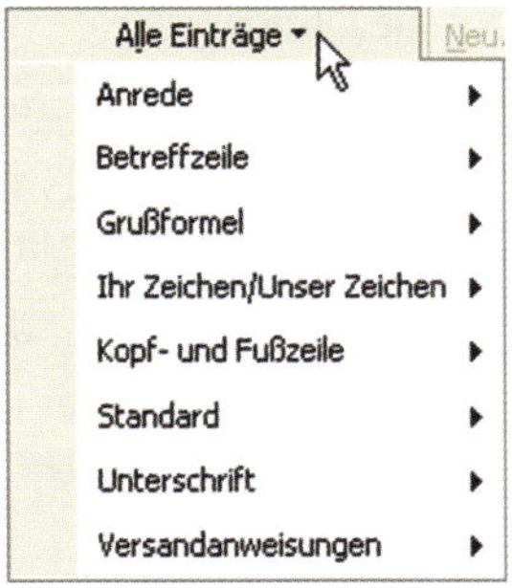

Einträge erstellen

Wie mächtig das Autotext-Instrument sein kann, zeigt sich erst richtig, wenn Sie eigene Einträge festlegen.

1 Schreiben Sie zunächst den Text, den Sie als Textbaustein festlegen möchten,

Die Schwierigkeiten, vor denen wir heute stehen, von der Bildungspolitik bis zum schlechten Wetter, gründen doch auf den jahrelangen Versäumnissen der vorigen Regierung.

und markieren Sie ihn.

Die Schwierigkeiten, vor denen wir heute stehen, von der Bildungspolitik bis zum schlechten Wetter, gründen doch auf den jahrelangen Versäumnissen der vorigen Regierung.

2 In der Autotext-Leiste ist der Eintrag

Neu... ▾

jetzt nicht mehr abgeblendet dargestellt und somit aktiv.

Wenn Sie darauf klicken, erscheint ein kleines Dialogfenster.

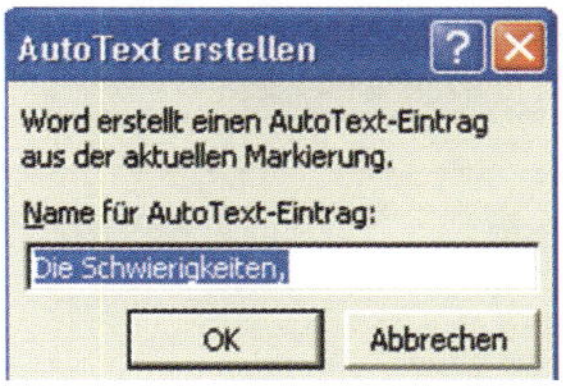

3 Geben Sie Ihrem Autotext-Eintrag einen Namen,

Name für AutoText-Eintrag:
Ausrede

und klicken Sie auf

OK,

um den Eintrag zu übernehmen.

4 Um diese Phrase künftig in Ihr Dokument einzufügen, genügt es, die von Ihnen gewählte Kurzbezeichnung einzutippen

Ausrede

und danach die Taste F3 zu drücken. Word fügt dann die komplette Formulierung ein.

Die Schwierigkeiten, vor denen wir heute stehen, von der Bildungspolitik bis zum schlechten Wetter, gründen doch auf den jahrelangen Versäumnissen der vorigen Regierung.

5 Falls Sie sich an den Namen des Eintrags nicht mehr genau erinnern sollten, klicken Sie in der Autotext-Arbeitsleiste auf das Symbol

.

6 Anschließend wird die komplette Liste der Autotext-Einträge angezeigt.

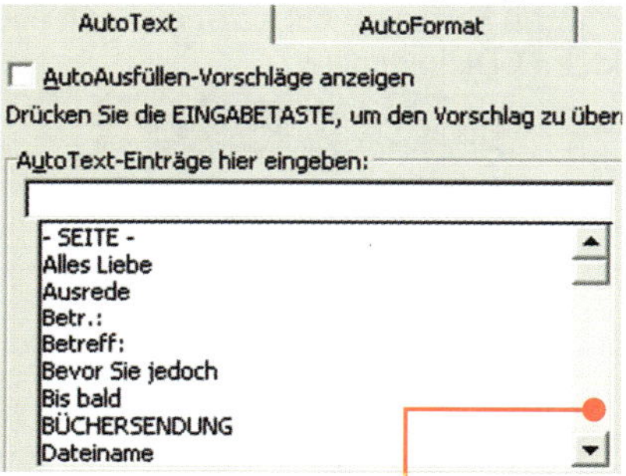

Mit der Bildlaufleiste ● können Sie durch die Einträge blättern. Wenn Sie mit der Maus eine Bezeichnung wählen,

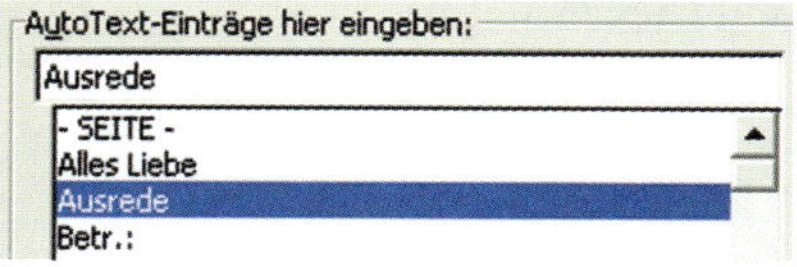

sehen Sie im Vorschaufenster die damit verbundene Formulierung.

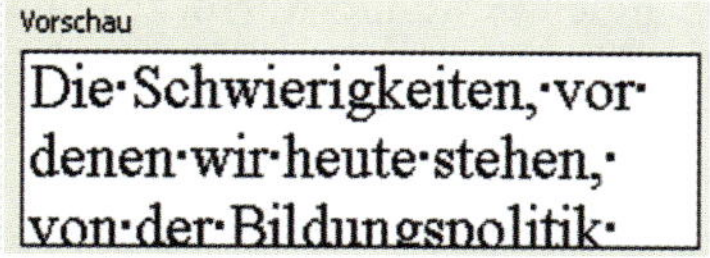

7 Handelt es sich um den gesuchten Textbaustein, fügen Sie ihn per Mausklick auf

in Ihr Dokument ein.

8 Wollen Sie einen Eintrag löschen, klicken Sie stattdessen auf die Schaltfläche

.

Autotext-Einträge sicher und schnell

Wenn Sie im Autotext-Fenster (siehe Schritt 6 im vorherigen Abschnitt) per Mausklick die Option

aktivieren, wird das Einfügen von Autotext-Einträgen noch einfacher möglich.

1 Sobald Sie die ersten vier Buchstaben der Autotext-Bezeichnung eingegeben haben, erscheint eine Einblendung, die den Anfang der damit verbundenen Formulierung enthält.

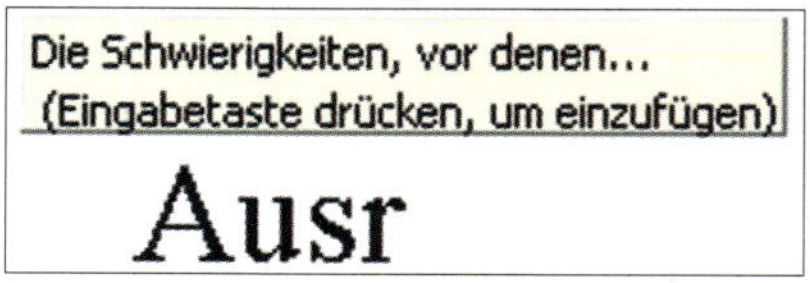

2 Schreiben Sie einfach weiter, geschieht nichts. Drücken Sie jedoch die ↵-Taste, wird der Textbaustein in Ihr Dokument eingefügt.

Thesaurus

Hinter dem Begriff Thesaurus verbirgt sich nicht etwa ein antiker Sagenheld, sondern ein Wörterverzeichnis, das Ihnen durch Einblenden inhaltlich gleicher oder ähnlicher Worte dabei hilft, treffende Ausdrücke zu finden.

! Kein Thesaurus im Menü?

Sollten Sie den Thesaurus im Sprachmenü nicht vorfinden, müssen Sie diese Funktion von Ihrer Word- oder Office-CD nachinstallieren!

1 Markieren Sie zunächst das Wort, zu dem Sie eine alternative Formulierung suchen.

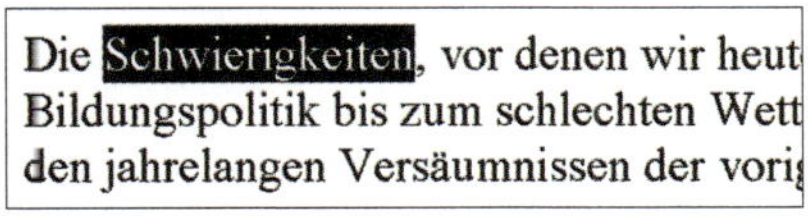

2 Klicken Sie dann in der Menüleiste auf den Eintrag

,

führen Sie den Mauszeiger über

,

und klicken Sie im seitlich erscheinenden Menü auf den Eintrag

.

Anschließend wird das Thesaurus-Fenster geöffnet.

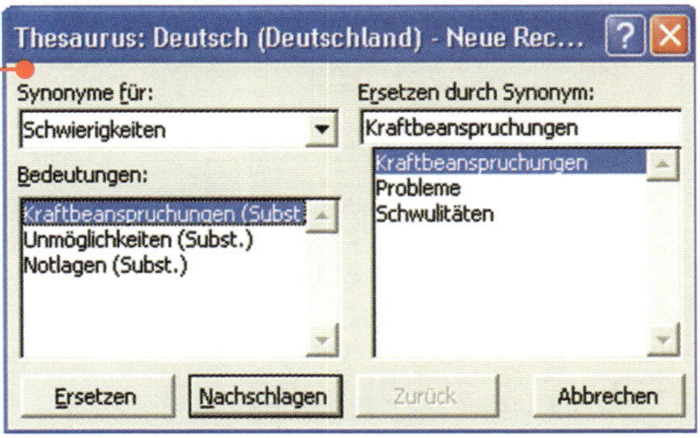

3 Viele Wörter können unterschiedliche Bedeutungen haben. Im Bereich

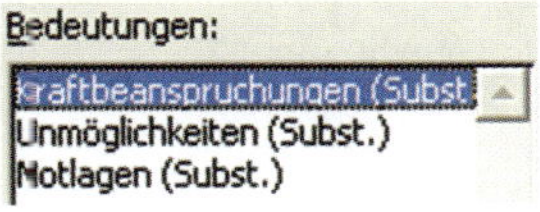

wählen Sie die Bedeutung aus, die am ehesten zutrifft.

Im Fensterbereich rechts

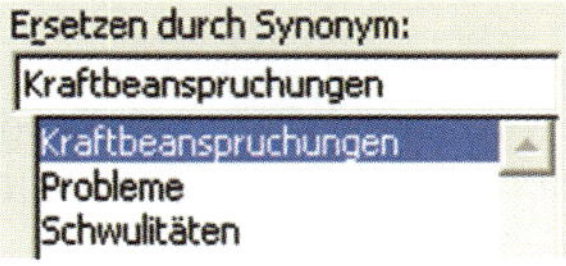

sehen Sie dann die entsprechenden Vorschläge, die der Thesaurus Ihnen unterbreitet.

4 Wenn Sie ein geeignetes Synonym gefunden haben, das Sie als Ersatz für Ihr im Dokument markiertes Wort einsetzen möchten,

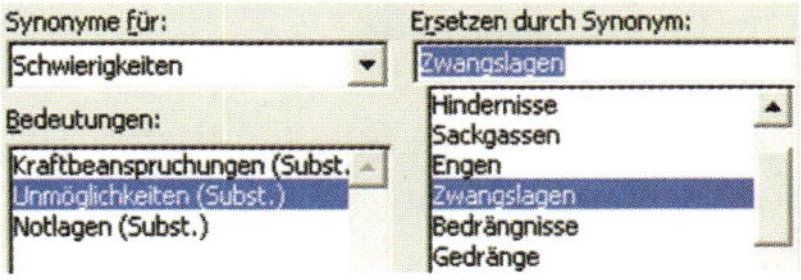

klicken Sie auf

.

Die Ersetzung wird dann ausgeführt.

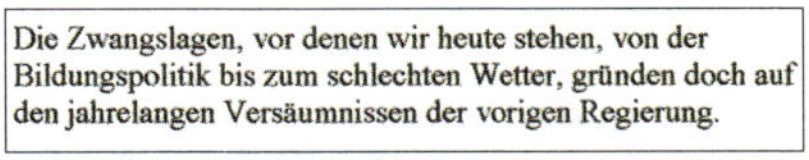

Word und fremde Sprachen

Word kann Ihnen auch beim Verfassen eines fremdsprachigen Artikels oder bei der Übersetzung wertvolle Hilfe leisten.

1 Falls der Aufgabenbereich nicht sowieso schon auf Ihrem Bildschirm zu sehen sein sollte, klicken Sie auf

und dann auf

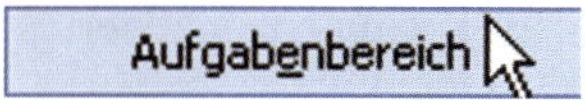

, um ihn einzublenden.

2 Im Kopfteil des nun sichtbaren Aufgabenbereichs

klicken Sie auf den nach unten weisenden Pfeil ●, damit die Auswahl eingeblendet wird.

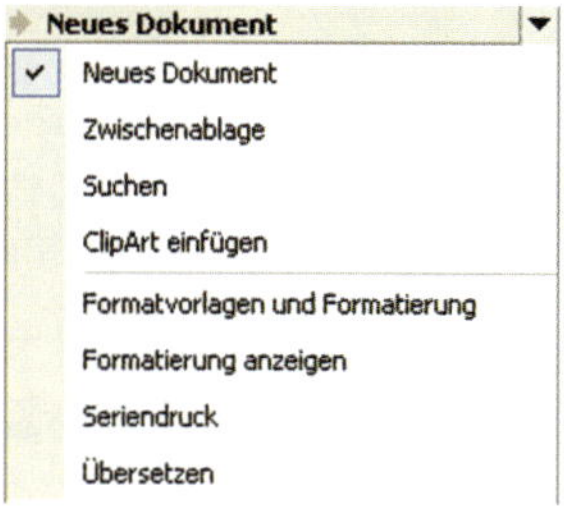

3 Um den Aufgabenbereich, der die Übersetzungsfunktionen enthält, aufzurufen, klicken Sie jetzt auf

.

Das folgende Fenster wird geöffnet:

4 Tippen Sie das Wort, zu dem Sie sich Übersetzungen in eine Fremdsprache ansehen möchten, in das Eingabefeld

ein. Anschließend klicken Sie auf den Pfeil ●,

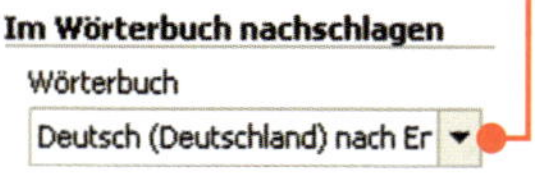

um gegebenenfalls die Spracheinstellung auszuwählen.

5 Nachdem Sie bestimmt haben, von welcher Sprache in welche Sprache übersetzt werden soll, klicken Sie auf die Schaltfläche

Ausführen.

Das Ergebnisfenster zeigt nicht nur wörtliche Übersetzungen an, sondern liefert auch Hinweise, wie das Wort in verschiedenen Sinnzusammenhängen verwendet werden kann.

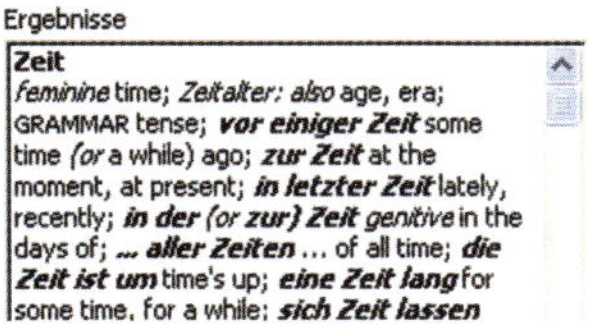

Übersetzen während der Arbeit

Auch aus einem Dokument heraus können Sie die Übersetzungsfunktion nutzen.

1 Markieren Sie das Wort, das Sie übersetzen möchten.

verwendet

2 Wählen Sie dann im Aufgabenbereich die Option

◉ Aktuelle Auswahl,

und klicken Sie auf

Ausführen.

Wie die Ergebnisliste zeigt, erkennt der Übersetzungshelfer sogar, dass das Wort „verwendet“, das hier als Beispiel dient, eine Konjugation von „verwenden“ ist.

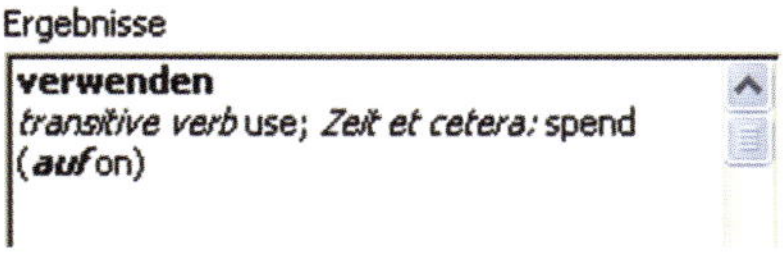

3 Markieren Sie in der Ergebnisliste die geeignete Übersetzung,

und klicken Sie auf

Ersetzen.

Das ausgewählte fremdsprachige Wort ersetzt dann im Dokument den markierten Ausdruck.

Text automatisch zusammenfassen

Oft benötigt man von einem Text eine Zusammenfassung. Word unterstützt Sie bei dieser Aufgabe mit der Funktion Autozusammenfassen.

1 Klicken Sie in der Menüleiste auf den Eintrag Extras

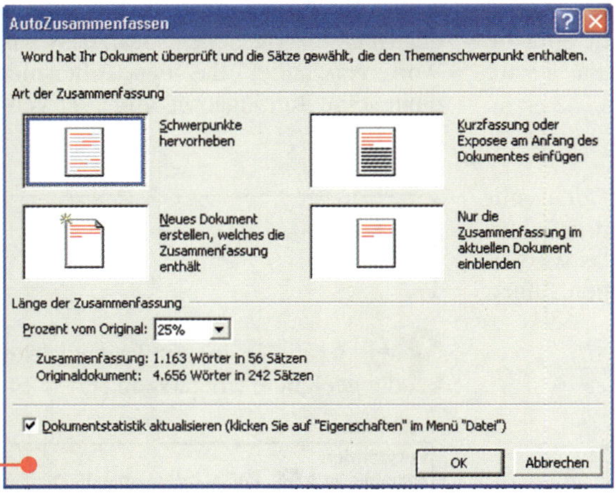

und danach auf

.

2 Daraufhin erarbeitet Word im Hintergrund einen zusammenfassenden Text. Im nächsten Fenster, das angezeigt wird,

können Sie festlegen, wie die Zusammenfassung dargestellt werden soll.

➔ Die Option

bewirkt, dass die zentralen Aspekte Ihres Textes im Dokument farbig hervorgehoben werden.

➔ Mittels der Auswahl

wird die Zusammenfassung an den Anfang des Dokuments gesetzt.

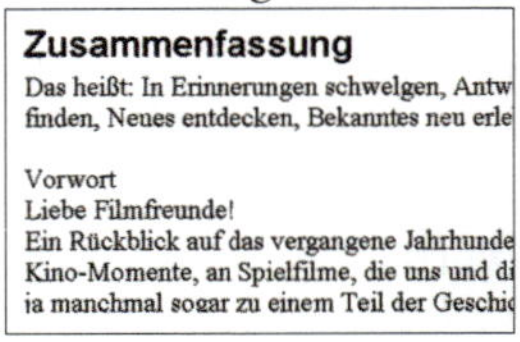

➔ Entscheiden Sie sich für

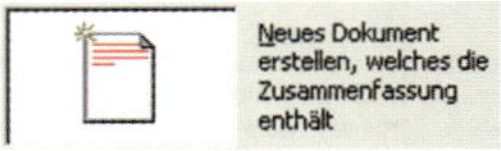

, erstellt Word automatisch ein neues Dokument, das den zusammenfassenden Text enthält.

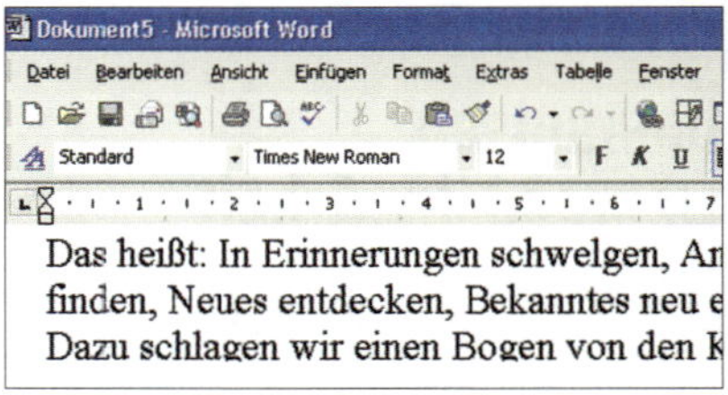

Dabei handelt es sich um ein völlig eigenständiges Dokument, das Sie separat speichern oder weiterbearbeiten können.

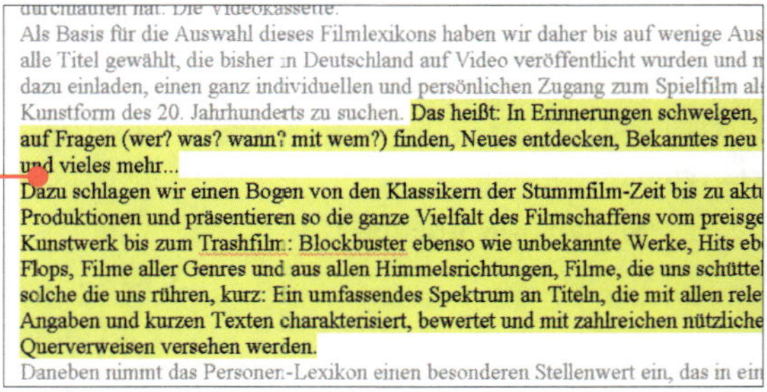

→ Die Option

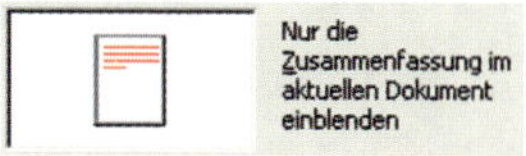

wiederum führt dazu, dass im Dokument nur die Zusammenfassung angezeigt wird, während der Originaltext ausgeblendet wird. Sie brauchen keine Bedenken zu haben, dass Ihr Originaltext unwiederbringlich verloren ist. Er ist lediglich nicht sichtbar. Sowie Sie in dem kleinen Kontextfenster,

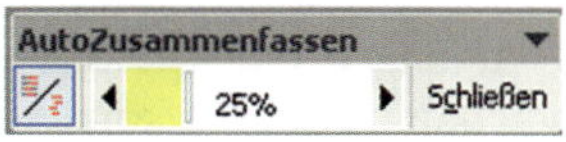

das nach Anzeigen der Zusammenfassung erscheint, auf die Schaltfläche

klicken, wird Ihr Dokument wieder im Originalzustand dargestellt.

3 Haben Sie sich entschieden, in welcher Form die Zusammenfassung angezeigt werden soll, können Sie noch festlegen, wie umfangreich die Zusammenfassung ausfallen soll. Über den Pfeil neben dem Prozentfeld ● lässt sich die Größe bestimmen.

4 Zum Schluss reicht ein Klick auf

,

damit Ihnen die Zusammenfassung in der gewählten Form präsentiert wird.

Mit ein bisschen Experimentieren werden Sie bald ein Gefühl dafür entwickeln, ob die Autozusammenfassen-Funktion für Sie sinnvoll ist oder ob sie nach Ihrem Geschmack doch eher enttäuschende Ergebnisse liefert. Struktur und Umfang des Textes haben natürlich einen entscheidenden Einfluss auf die Qualität der Zusammenfassung.

5 Mit umfangreichen Texten arbeiten

Die Arbeit mit größeren Textmengen verursacht ganz spezielle Probleme. Wenn Sie beispielsweise eine bestimmte Textstelle suchen, ist dies bei einer kurzen Notiz kein großes Problem, in einem umfangreichen Dokument werden Sie aber die Suchfunktion von Word zu schätzen lernen. Zudem bietet Ihnen Word die Möglichkeit, Fundstellen automatisch durch andere Formulierungen zu ersetzen.

Mit der Zwischenablage verschieben und kopieren Sie im Nu ganze Absätze. Die Zwischenablage arbeitet außerdem hervorragend mit vielen anderen Windows-Programmen zusammen, so dass Sie leicht auch Zeichnungen, Tabellen oder andere Informationen aus anderen Programmen übernehmen und einfügen können.

Im fünften Kapitel dieses Buches erfahren Sie,
- wie Sie schnell zu einer gesuchten Stelle im Dokument kommen,
- wie Sie Textstellen auch in anderen Dokumenten finden,
- und wie Sie die Zwischenablage effektiv einsetzen.

Kapitel-Wegweiser

Schnell zur passenden Seite 61
Suchen. 61
  Nach Formatierungen suchen 66
  Sonderzeichen suchen 67
Ersetzen. 67
Die Zwischenablage 69
  Elemente aus der Zwischenablage löschen 70
  Zwischenablage und Format 71
  Zwischenablage und andere Dokumente 72
  Zusammenarbeit mit anderen Programmen 72
  Zwischenablage und rechte Maustaste 74
  Zwischenablage und Tastenkombinationen 74
Suchen in anderen Dokumenten 75
  Genauer suchen 76
  Die Suchergebnisse. 77

Schnell zur passenden Seite

1 Um in umfangreichen Dokumenten schnell eine bestimmte Seite anzusteuern, klicken Sie zunächst in der **Menüleiste** auf

Bearbeiten

und danach auf den Eintrag

Gehe zu... Strg+G.

2 Im Dialogfenster, das sich daraufhin öffnet,

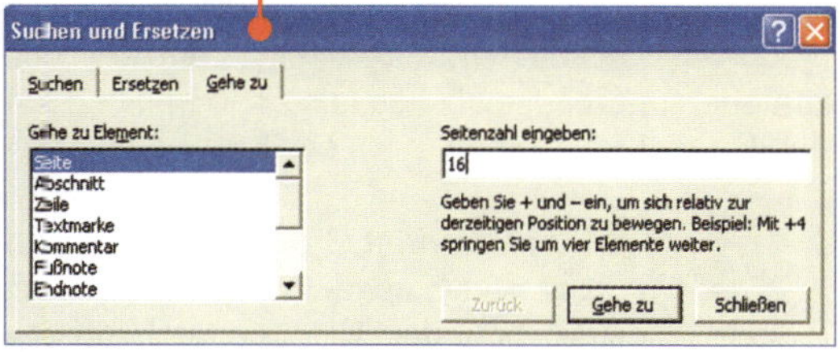

belassen Sie es bei der Einstellung

Gehe zu Element: Seite

und tippen dann die Seitenzahl, zu der Sie gelangen wollen, in das Eingabefeld ein.

Seitenzahl eingeben: 16

3 Nun brauchen Sie nur noch auf die Schaltfläche

Gehe zu

zu klicken - und schon springt die Einfügemarke an den Anfang der angegebenen Seite. Die Seite wird auch direkt auf dem Bildschirm angezeigt. In der **Statuszeile** erhalten Sie eine Meldung darüber, auf welcher Seite Sie sich gerade befinden.

Seite 16

! Welche Seitennummerierung zählt

Meist sind Seitenzahl und Seitennummerierung identisch. Wie Sie aber in Kapitel 3 erfahren haben, ist es auch möglich, ein Dokument mit einer anderen Seitenzahl als Eins beginnen zu lassen. Word orientiert sich, wenn Sie eine Seite ansteuern, an der Nummerierung, die Sie vergeben haben.

4 Wenn Sie an Ihrem Text weiterarbeiten und das Dialogfeld verlassen möchten, klicken Sie auf die Schaltfläche

Schließen.

Suchen

Mit der Suchfunktion, die in Word integriert ist, können Sie in Windeseile ein Dokument nach einer Textstelle oder **Formatierung** durchsuchen.

1 Damit die Suchfunktion aufgerufen wird, klicken Sie in der Menüleiste auf

Bearbeiten

und im aufgeklappten Menü auf

Suchen... Strg+F.

Anschließend sehen Sie ein Fenster, das das Suchregister bereits im Vordergrund anzeigt.

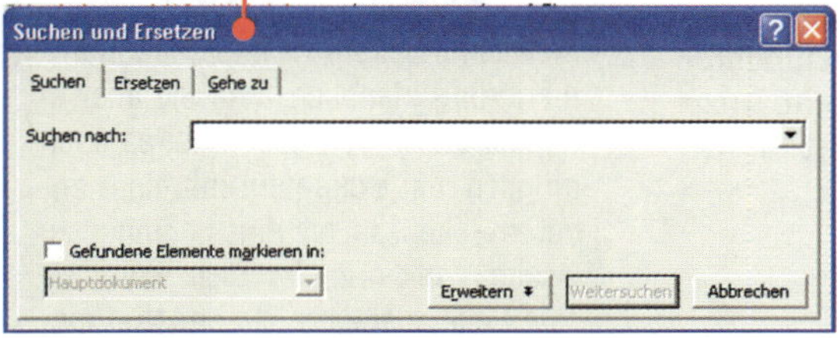

2 Tippen Sie den Ausdruck, nach dem Sie forschen wollen, in die Eingabezeile ein.

3 Jetzt können Sie auf die bisher nicht aktive und deshalb abgeblendet dargestellte Schaltfläche

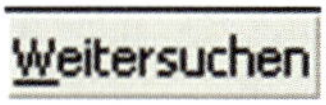

klicken. Unverzüglich nimmt die Suchfunktion die Arbeit auf.

4 Das Suchfenster bleibt im Vordergrund Ihres Bildschirms aktiv, im Hintergrund ist die nächstgelegene Fundstelle in Ihrem Dokument markiert.

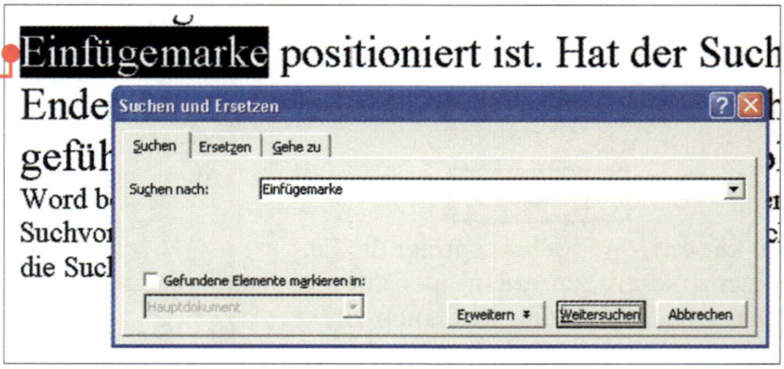

5 Möchten Sie das gefundene Wort bearbeiten, klicken Sie in das Dokument und überschreiben den gefundenen Begriff beispielsweise. An der abgeblendeten Darstellung des Suchfensters erkennen Sie dessen inaktiven Status.

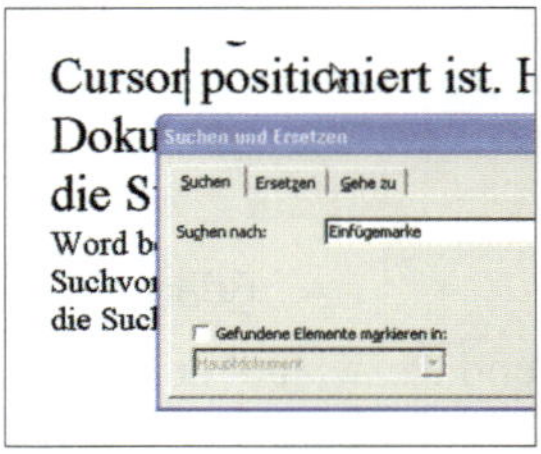

6 Sobald Sie dann aber im Suchfenster wieder auf

klicken, wird die nächste Fundstelle angezeigt, ganz genau so wie im Schritt 4 beschrieben.

7 Word beginnt die Suche immer an der Stelle, an der sich die Einfügemarke befindet. Hat der Suchvorgang bis zum Ende des Dokuments nicht zum gewünschten Ergebnis geführt, wird die Suche automatisch am Anfang des Dokuments bis hin zur Einfügemarke durchgeführt. Ist ein kompletter Durch-

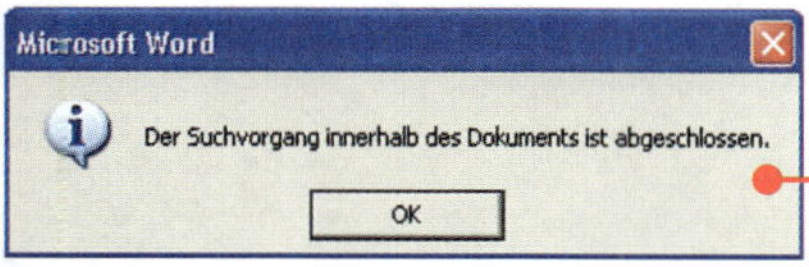

lauf vollzogen, werden Sie darüber unterrichtet.

Sollte der Suchvorgang ergebnislos verlaufen, werden Sie auch darüber informiert.

8 Die Suchfunktion findet die exakte Zeichenfolge, die Sie im Eingabefeld vorgeben. So führt beispielsweise die Buchstabenfolge

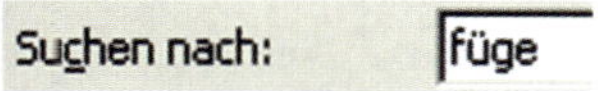

zu folgendem Treffer:

.

Das bedeutet einerseits, dass Sie beliebige Zeichenfolgen suchen können, also kein ganzes Wort eingeben müssen. Andererseits wird die kleinste Schreibabweichung dazu führen, dass der gesuchte Textteil nicht gefunden wird. In der Praxis bedeutet das, dass Sie die besten Suchergebnisse erzielen, wenn Sie einerseits die gesuchte Textstelle so umfangreich wie möglich anführen, um möglichst exakte Treffer zu erzielen, andererseits auf den Teil beschränken sollten, dessen Sie sich ganz sicher sind.

9 Wenn Sie im Suchfenster auf die Schaltfläche

klicken, klappt ein weiterer Fensterbereich auf.

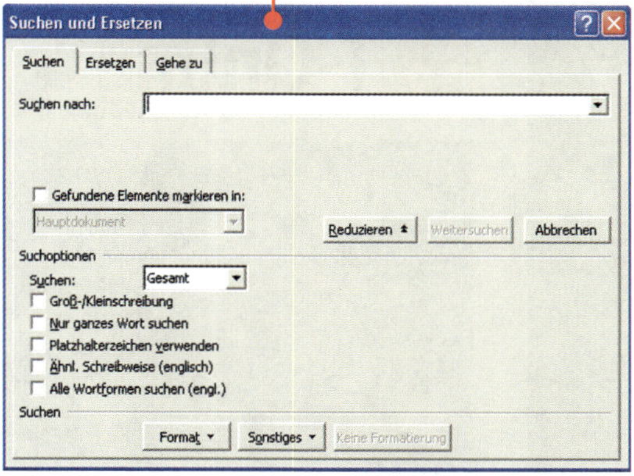

10 Im Bereich „Suchoptionen" können Sie die Suchfunktion verfeinern.

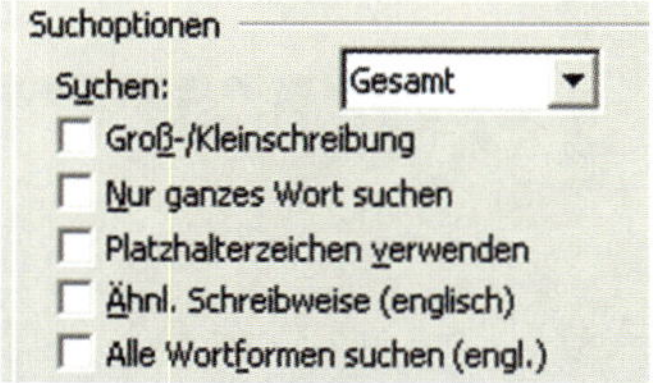

So führt beispielsweise die Suche nach dem unbestimmten Artikel „ein“

Suchen nach: ein

auch zum Suchergebnis

Eintrag.

Aktivieren Sie aber per Mausklick die Option

☑ Nur ganzes Wort suchen,

wird die Suche auf ganze Wörter beschränkt.

.un ein Vorschaubild

Nach Formatierungen suchen

Die Suchfunktion erkennt nicht nur Buchstabenfolgen, sondern auch Formatierungen.

1 Klicken Sie dazu im erweiterten Suchfenster (siehe Schritt 9 im vorherigen Abschnitt) auf den Eintrag

Format ▾.

2 Im sich öffnenden Menü

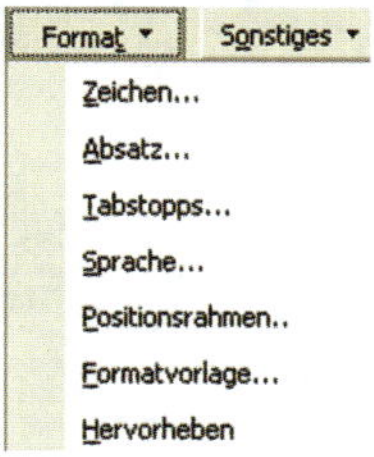

wählen Sie per Mausklick

Zeichen... .

3 Word blendet daraufhin ein Fenster ein, in dem Sie Zugriff auf alle denkbaren Zeichenformatierungen haben.

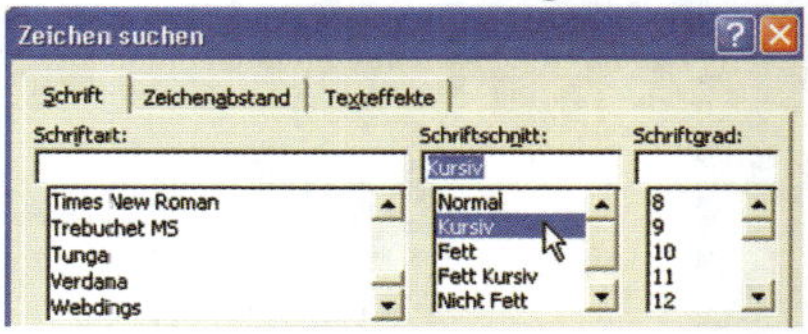

Wählen Sie in diesem Fenster die Hervorhebung „kursiv“

Schriftschnitt: Kursiv

aus, und bestätigen Sie mit einem Klick auf

OK.

4 Das Suchfenster gibt jetzt unter dem Eingabefeld einen Hinweis auf die ausgewählte Formatierung.

Suchen nach:
Format: Schriftart: Kursiv

Klicken Sie auf

Weitersuchen,

wird das der Einfügemarke nächstgelegene kursiv formatierte Wort als Suchergebnis angezeigt.

Suche *immer* ab

5 Wortsuche und Formatierungs-Anforderung lassen sich auch kombinieren. So wird bei dem doppelten Eintrag

Suchen nach: ein
Format: Schriftart: Kursiv

zwar die kursiv formatierte Zeichenfolge gefunden,

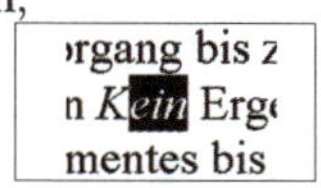

aber nicht das unformatierte Wort .

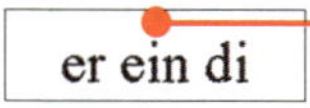

6 Klicken Sie daher auch unbedingt, sobald Sie die Suche nach einer bestimmten Formatierung nicht mehr benötigen, auf die Schaltfläche

.

Unterhalb des Suchfensters verschwindet dadurch die Suchbeschränkung,

und es ist sichergestellt, dass künftige Suchabfragen nicht fälschlich begrenzt werden.

Sonderzeichen suchen

Die Suchfunktion von Word lässt kaum Wünsche offen. So ist es sogar möglich, nach Sonderzeichen oder nicht druckbaren Zeichen zu forschen.

1 Klicken Sie im Suchfenster auf die Schaltfläche

.

Anschließend klappt eine umfangreiche Liste auf, aus der Sie per Mausklick

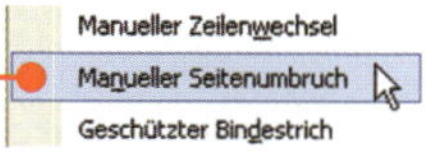

wählen. Dadurch wird eine seltsam anmutende Zeichenkombination in das Eingabefeld eingefügt.

2 Lösen Sie nun den Suchvorgang aus, indem Sie auf

klicken. Wenn Ihr Dokument in der **Seitenlayout-Ansicht** dargestellt wird, sieht das Suchergebnis etwa so aus:

3 Um sich von der Richtigkeit des Ergebnisses zu überzeugen, lassen Sie sich per Klick auf das Symbol

die nicht druckbaren Zeichen anzeigen.

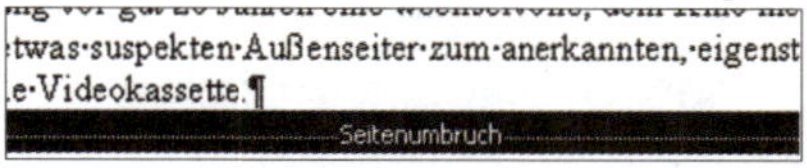

Ersetzen

Mit dem Auffinden von bestimmten Textstellen alleine ist es in der Regel nicht getan. Meistens suchen Sie nach

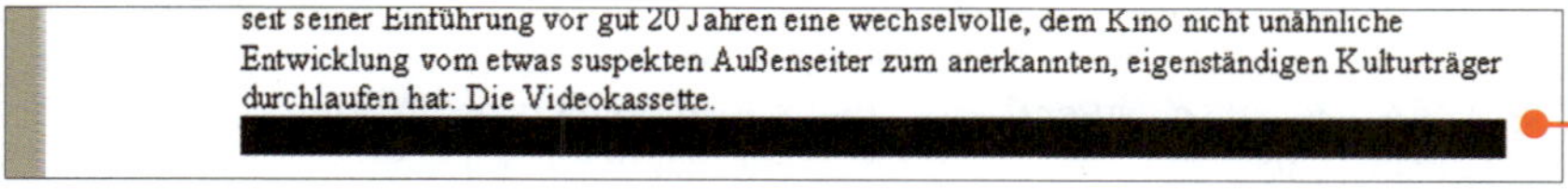

Wörtern oder Formatierungen, um sie zu ersetzen oder in anderer Form zu bearbeiten.

1 Klicken Sie zunächst in der Menüleiste auf

Bearbeiten

und danach auf

Ersetzen... Strg+H.

2 Die nahe Verwandtschaft der Funktionen Suchen und Ersetzen erkennen Sie bereits beim ersten Blick auf das Fenster, das sich nun öffnet.

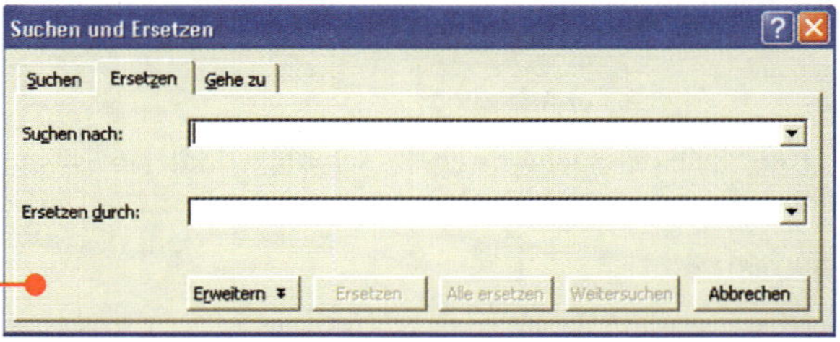

Es enthält im Vergleich zum Suchfenster lediglich ein zusätzliches Eingabefeld:

Ersetzen durch:

3 Geben Sie das Wort, das Sie ersetzen lassen möchten, in der Zeile

Suchen nach: Meier

ein. Das Wort, mit dem Sie die Treffer ersetzen wollen, tippen Sie dann in das Eingabefeld

Ersetzen durch: Maier

ein. Im Beispiel soll also die fehlerhafte Schreibweise eines Namens ausgemerzt werden.

4 Wenn Sie anschließend auf die Schaltfläche

Weitersuchen

klicken, wird der falsche Herr Meier gleich gefunden und markiert.

> Herrn Meier halten wir
> geeignet. Er neigt zwar

5 Und per Klick auf die Schaltfläche

Ersetzen

wird die Korrektur im Text vorgenommen.

> Herrn Maier halten
> geeignet. Er neigt z

Word springt danach selbstständig zur nächsten Fundstelle.

6 Falls Sie eine vorgeschlagene Ersetzung nicht durchführen wollen, weil die gesuchte Zeichenfolge nur zufällig im Text vorkommt, etwa,

> für diese Aufgabe a
> zu Kraftmeierei, H

klicken Sie auf

Weitersuchen.

Word sucht dann nach dem nächsten Vorkommen des Wortes, ohne eine Ersetzung vorzunehmen.

7 Steht aber zweifelsfrei fest, dass Sie alle Fundstellen ersetzen möchten und keine Verwechslungen möglich sind, wie in diesem Beispiel

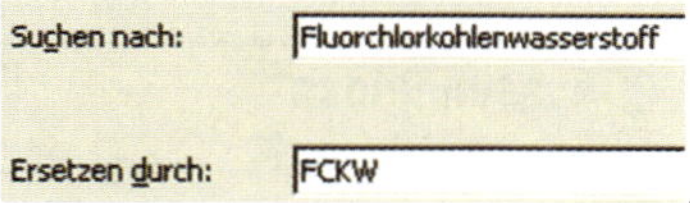

, klicken Sie auf

.

Ohne weitere Nachfrage ersetzt Word dann auf einen Schlag alle Wörter wie von Ihnen vorgegeben. In einem Fenster

werden Sie darüber informiert, wie viele Ersetzungen durchgeführt wurden.

Die Zwischenablage

Eine der wichtigsten Arbeitserleichterungen, die von den meisten Windows-Programmen unterstützt wird, ist die Zwischenablage. Speziell die Arbeit mit umfangreichen Textdokumenten wird damit enorm vereinfacht.

Die Zwischenablage ist ein temporärer Speicher, in den Sie bis zu 24 verschiedene Elemente packen können. Dabei kann es sich um Text, Bilder oder Tabellen handeln. An einer beliebigen Stelle Ihres Dokuments können Sie eins oder mehrere dieser Elemente per Mausklick einfügen.

1 Falls der Aufgabenbereich gerade nicht auf Ihrem Bildschirm angezeigt sein sollte, klicken Sie in der Menüleiste auf

und danach auf

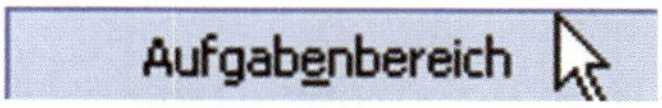

.

2 Klicken Sie im Kopfteil des Aufgabenbereichs auf den nach unten weisenden Pfeil

und in der sich öffnenden Auswahl auf

.

Dadurch wechseln Sie zum Aufgabenbereich Zwischenablage.

3 **Markieren** Sie nun in einem Beispieltext ein Textstück.

4 Klicken Sie dann auf den Menüeintrag

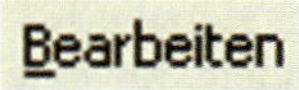

und im aufgeklappten Menü auf

.

Folge: Das markierte Wort verschwindet aus Ihrem Text, es wurde „ausgeschnitten".

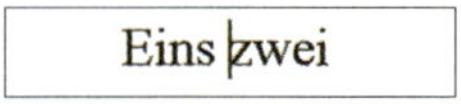

Dafür erscheint im Aufgabenbereich eine Miniaturabbildung des soeben ausgeschnittenen Wortes.

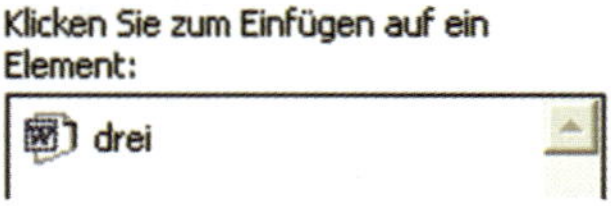

5 Setzen Sie die Einfügemarke jetzt an die Stelle in Ihrem Dokument, an der Sie den ausgeschnittenen Text einfügen möchten, zum Beispiel

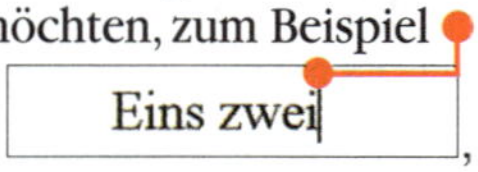

,

und klicken Sie auf das Vorschaubild im Aufgabenbereich.

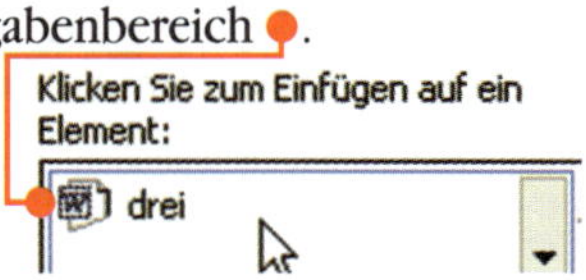

Word fügt daraufhin den Text in Ihr Dokument ein.

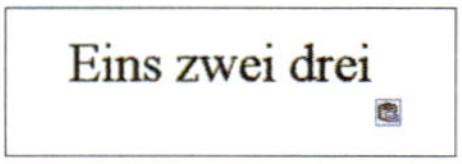

Wie Sie sehen, eignet sich die Technik des Ausschneidens in die Zwischenablage hervorragend, um Textteile im Dokument an eine andere Stelle zu verschieben. Vor allem bei größeren Textteilen als im Beispiel sind die wenigen Klicks deutlich schneller als ansonsten notwendige Tipparbeit.

> **! Ausschneiden oder kopieren?**
>
> Wenn Sie in Schritt 4, nachdem Sie das Menü
>
> 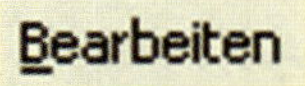
>
>
> geöffnet haben, auf den Eintrag
>
> 
>
>
> klicken, verbleibt die markierte Stelle unverändert an ihrem Platz. In der Zwischenablage steht der Eintrag aber ebenso zum späteren Einfügen bereit.

Elemente aus der Zwischenablage löschen

Auch nach dem Einfügen aus der Zwischenablage bleibt das Textstück dort erhalten. Sie können beliebig oft Einfügungen vornehmen. Wie schon erwähnt, lassen sich durch Ausschneiden und Kopieren bis zu 24 Einträge sammeln. Danach müssen Sie Elemente löschen, um wieder Platz zu schaffen.

1 Klicken Sie dazu auf den Pfeil neben dem Eintrag in der Zwischenablage, den Sie löschen möchten.

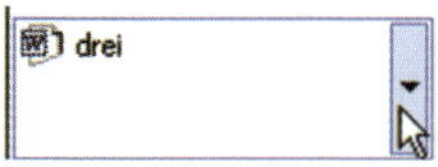

2 Im Menü, das sich anschließend öffnet,

folgt ein Klick auf den Eintrag

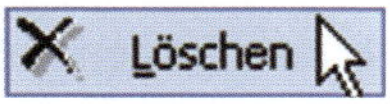

.

3 Wollen Sie alle Einträge aus der Zwischenablage in einem Rutsch löschen, klicken Sie auf die Schaltfläche

.

4 Andererseits können Sie auch alle Elemente aus der Zwischenablage gleichzeitig einfügen, indem Sie auf die Schaltfläche

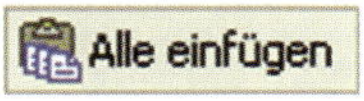

klicken.

→ Beachten Sie, dass die Zwischenablage Einträge nur zeitlich begrenzt für eine Arbeitssitzung speichert. Beenden Sie Ihre Arbeit mit dem PC, sind auch die Elemente aus der Zwischenablage verschwunden.

Zwischenablage und Format

Häufig wird es vorkommen, dass Ursprungsstelle

und Zielstelle

unterschiedliche Formatierungen aufweisen. Wenn Sie im Beispiel das kursiv und größer formatierte Originalstück per Mausklick aus der Zwischenablage

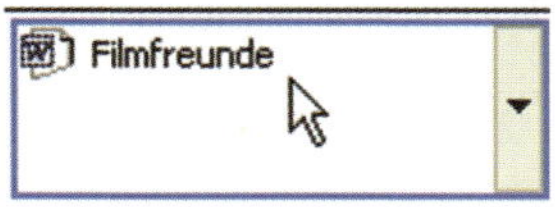

an der Zielsstelle einfügen, sehen Sie auf den ersten Blick, dass die Originalformatierung des Wortes beibehalten wurde.

1 Um das eingefügte Wort an die Zielformatierung anzupassen, führen Sie den Mauszeiger über das kleine Symbol, das direkt nach dem Einfügen aufgetaucht ist,

bis ein Pfeil neben dem Symbol sichtbar wird.

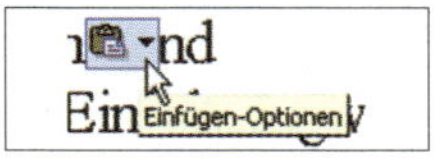

2 Klicken Sie auf diesen Pfeil, erscheint ein Auswahlmenü.

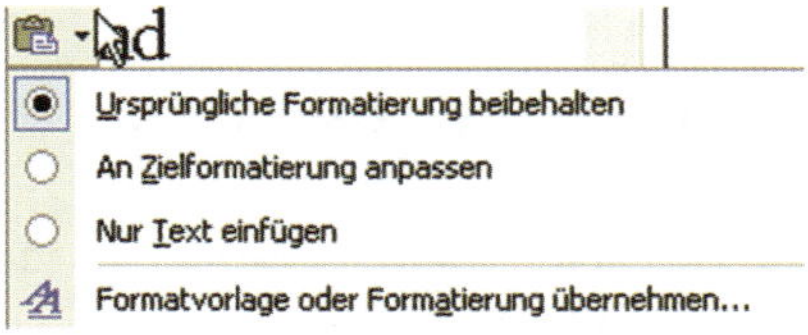

3 Wenn Sie hier auf den Eintrag

klicken, passt sich das eingefügte Wort bezüglich der Schriftgröße der neuen Umgebung an, behält aber die individuelle Formatierung kursiv bei.

viele *Filmfreunde*, nicht

4 Klicken Sie dagegen die Option

an, wird nur der reine Text ohne individuelle Formatierung eingefügt.

viele Filmfreunde, nicht

Zwischenablage und andere Dokumente

Die Zwischenablage steht Ihnen nicht nur in dem Dokument zur Verfügung, das Sie gerade bearbeiten, sondern in allen Word-Dokumenten.

1 Um diese Eigenschaft zu testen, kopieren Sie zunächst einen Eintrag

Text aus erster Datei

in die Zwischenablage.

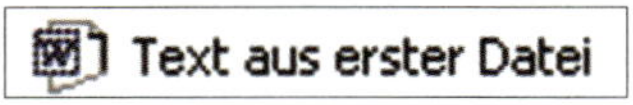

2 Erstellen Sie nun eine neue Datei, indem Sie in der Symbolleiste auf

klicken.

3 Tippen Sie in dieser neuen Datei einen Beispieltext ein,

Text aus zweiter Datei

und kopieren Sie ihn in die Zwischenablage.

4 Ganz gleich, in welchem der beiden Beispieldokumente Sie sich nun den Aufgabenbereich Zwischenablage anzeigen lassen: Es werden beide Einträge zur Verfügung stehen.

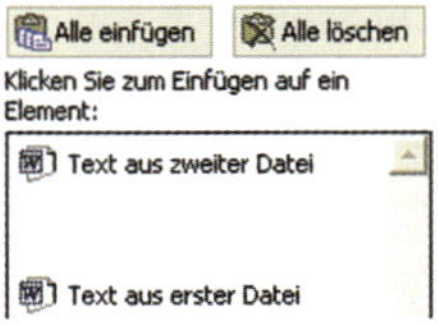

Zusammenarbeit mit anderen Programmen

Nicht nur aus anderen Textdokumenten, sondern auch aus anderen Programmen können Sie mit der Zwischenablage Elemente in ein Dokument einbinden.

1 Öffnen Sie dazu das Malprogramm Paint, das zum Windows-Zubehör gehört, indem Sie auf

klicken und den Mauszeiger über

Alle Programme

führen, bis seitlich die Programmeinträge erscheinen. Dort wählen Sie

Zubehör

und starten das Programm mit einem Klick auf

Paint.

2 Mit dem Malprogramm Paint zeichnen Sie zum Test ein kleines Bild.

3 Dann benutzen Sie das Auswahl-Werkzeug

und ziehen mit dem Mauszeiger ein Rechteck über Ihrer Skizze auf.

4 Klicken Sie nun, ebenfalls noch im Paint-Programmfenster, auf den Menüeintrag **Bearbeiten**

und danach auf

Kopieren,

um die Skizze in die Zwischenablage zu kopieren.

5 Wenn Sie anschließend zu Ihrem Word-Dokument zurückkehren, sehen Sie, dass die Zwischenablage jetzt eine Vorschau des in Paint erstellten und von dort in die Zwischenablage kopierten Bildes enthält.

6 Per Mausklick können Sie dieses Bild nun in Ihr Dokument einfügen

Zwischenablage und rechte Maustaste

Da die Zwischenablage für das fortgeschrittene Arbeiten mit Word sehr wichtig ist, sollten Sie sich neben dem Weg über das Bearbeiten-Menü noch zwei weitere Methoden aneignen, Text dort einzufügen oder daraus abzurufen. Bei der einen verwenden Sie die rechte (!) Maustaste:

1 Markieren Sie zunächst ein Textstück.

2 Klicken Sie dann mit der rechten (!) Maustaste in die Markierung, so dass sich ein Kontextmenü öffnet.

3 Je nachdem, ob Sie die markierte Stelle an ihrem Ursprungsort belassen wollen oder nicht, klicken Sie nun auf

, um lediglich eine Kopie in die Zwischenablage einzufügen, oder auf

, um den markierten Teil gleichzeitig zu entfernen.

4 Setzen Sie anschließend die Einfügemarke an die Zielstelle, und klicken Sie wieder rechts (!). Aus dem Kontextmenü wählen Sie dann den Eintrag

.

Der letzte Eintrag, den Sie in die Zwischenablage gesetzt haben (egal, ob durch Ausschneiden oder Kopieren), wird daraufhin eingefügt.

Achtung: Um auf *alle* Einträge der Zwischenablage zugreifen zu können, müssen Sie nach wie vor den **Aufgabenbereich** verwenden.

Zwischenablage und Tastenkombinationen

1 Nachdem Sie eine Markierung gesetzt haben, drücken Sie die [Strg]-

Taste, halten die Taste gedrückt und tippen auf die Buchstaben-Taste [C]. Der markierte Text wird daraufhin in die Zwischenablage kopiert.

2 Damit der Text ausgeschnitten wird, verwenden Sie die Tastenkombination [Strg] [X].

3 Auch für das Einfügen des letzten Eintrags aus der Zwischenablage steht Ihnen eine Tastenkombination zur Verfügung. Setzen Sie die Einfügemarke an die gewünschte Stelle, und drücken Sie dann [Strg] [V].

→ Von den meisten Windows-Programmen, die die Zwischenablage unterstützen, werden alle drei in den letzten Abschnitten vorgestellten Methoden unterstützt. Welche Sie wählen, bleibt also völlig Ihnen überlassen. Je nach Arbeitssituation überwiegen die Vorteile einer Variante. Auch Kombinationen aus den drei Methoden sind möglich: So können Sie beispielsweise Text per Kontextmenü ausschneiden und per Tastenkombination wieder aus der Zwischenablage einfügen.

Suchen in anderen Dokumenten

Im Lauf der Zeit werden sich viele Dokumente auf Ihrer **Festplatte** tummeln. Auch wenn Sie eine vorbildliche Ordnerstruktur einhalten, kann es vorkommen, dass Sie eine bestimmte Textstelle oder einen Begriff nicht auf Anhieb finden. Doch Word lässt Sie nicht im Stich:

1 Falls der Aufgabenbereich gerade nicht auf Ihrem Bildschirm angezeigt wird, klicken Sie in der Menüleiste auf

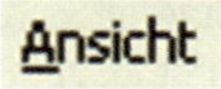

und dann auf

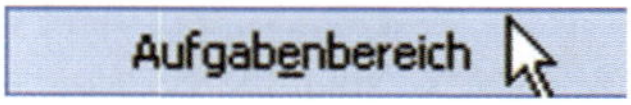

.

2 Um zum benötigten Aufgabenbereich zu gelangen, klicken Sie auf den kleinen Pfeil

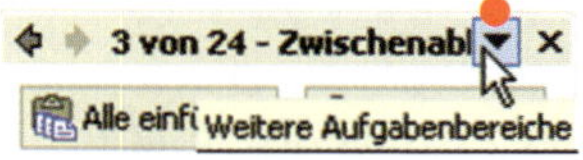

und anschließend in der Auswahl auf

.

3 Der gleichnamige Aufgabenbereich wird daraufhin eingeblendet. Im Eingabefeld tippen Sie den gesuchten Begriff ein.

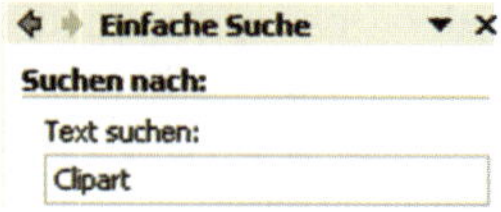

4 Mit einem Klick auf

starten Sie dann den Suchvorgang, der einige Minuten in Anspruch nehmen kann. Sie können in dieser Zeit aber durchaus an Ihrem Computer weiterarbeiten – auch wenn die Programme

Wo sind die anderen Suchergebnisse?

Werden so viele Dateien gefunden, dass das Ergebnisfenster nicht ausreicht, um alle Treffer anzuzeigen, erscheint am unteren Ende der Resultatsliste ein Eintrag, zum Beispiel

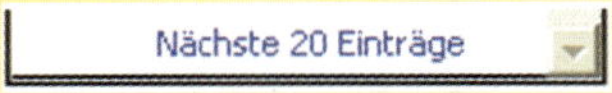

Ein Mausklick darauf führt Sie zu den weiteren Fundstellen.

vielleicht etwas langsamer reagieren als gewöhnlich.

5 Sobald Word die ersten Dateien gefunden hat, die den gesuchten Begriff enthalten, werden Sie darüber informiert.

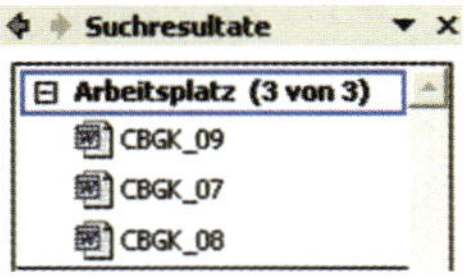

6 Am unteren Rand des Suchfensters befindet sich, während die Suche abläuft, eine Schaltfläche, mit der Sie den Suchvorgang jederzeit per Mausklick anhalten können:

Sobald Word den Suchvorgang beendet hat (entweder weil Sie ihn angehalten haben oder weil der Datenbestand vollständig durchforstet ist), verändert die Schaltfläche ihr Aussehen:

Per Mausklick können Sie damit zum Eingabefeld zurückkehren, um nach einem anderen Ausdruck zu suchen.

Genauer suchen

Nur selten ist es nötig, alle **Ordner** auf Ihrer Festplatte zu durchsuchen. Meist wissen Sie in etwa, wo sich eine Datei befindet. Durch eine entsprechende Einschränkung lässt sich die Suchzeit erheblich verringern.

Im Bereich

legen Sie fest, in welchen Ordnern und welche Dateiarten überhaupt nach dem Suchbegriff durchkämmt werden sollen.

1 Klicken Sie zunächst auf den nach unten weisenden Pfeil ●,

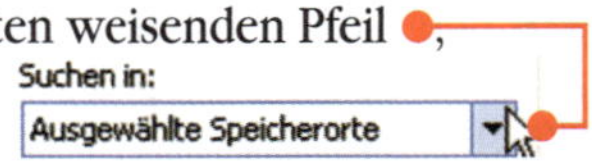

um Zugriff auf Ihre gesamte Ordnerstruktur zu erhalten.

2 Wenn sich im Auswahlfeld vor einem Ordner ein Häkchen

befindet, wird er mitdurchsucht. Entfernen Sie das Häkchen mit einem Mausklick,

wird er von der Suche ausgeklammert.

3 Klicken Sie nun im Suchoptionsbereich auf den nach unten weisenden Pfeil.

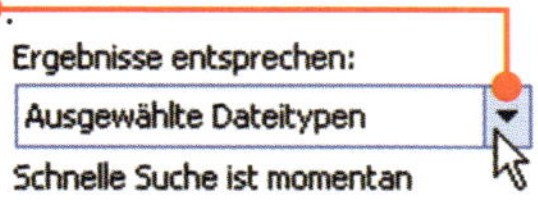

In der geöffneten Liste können Sie die Dateiarten bestimmen, die bei der Suche berücksichtigt werden sollen.

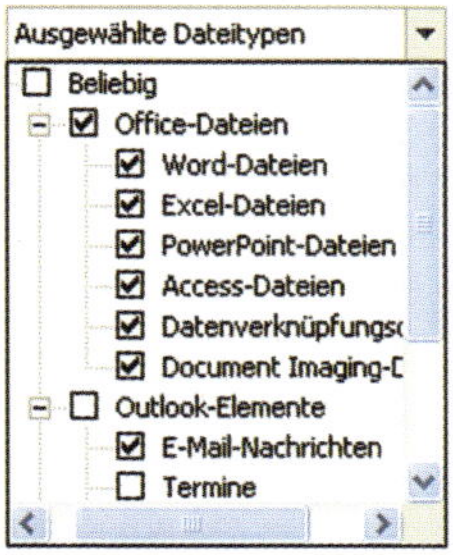

Setzen oder entfernen Sie einfach mit der Maus die Häkchen neben den Feldern, wie soeben in Schritt 2 geschildert.

Die Suchergebnisse

1 Wird ein Word-Dokument in der Resultatsliste Ihrer Suche angezeigt, können Sie das Dokument direkt öffnen, indem Sie auf den Eintrag klicken.

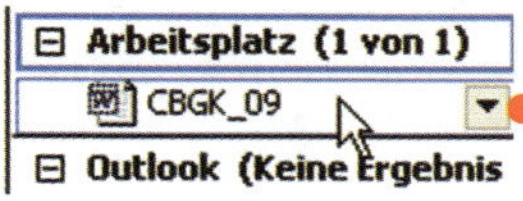

2 Klicken Sie auf den Pfeil neben dem Suchresultat, wird dadurch ein Menü aufgeklappt:

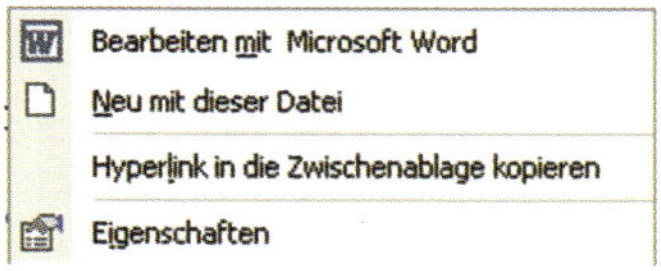

→ Wenn Sie in diesem Menü auf

klicken, legt Word auf Basis der gefundenen Datei ein neues Dokument an. Diese neue Datei enthält den kompletten Text der Originaldatei und kann von Ihnen beliebig weiterbearbeitet und gespeichert werden.

→ Klicken Sie hingegen auf

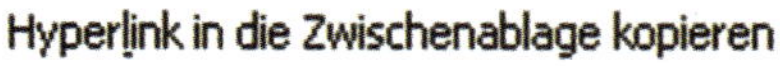

wird ein Verweis auf die Datei in die Zwischenablage kopiert.

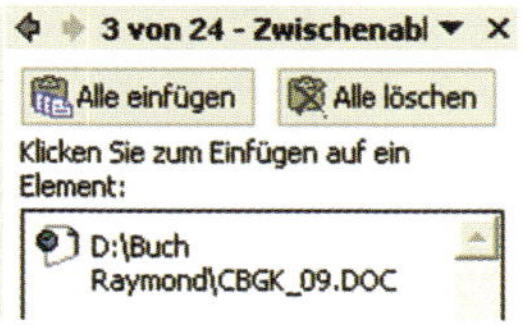

Aus der Zwischenablage können Sie diesen Hyperlink per Mausklick in ein Dokument einfügen.

Das genaue Vorgehen wird in dieser Datei ausführlich erklärt: D:\Buch Raymond\CBGK_09

Hyperlinks kennen Sie wahrscheinlich aus dem **Internet**, wo sie auf andere Web-Seiten verweisen. Ein Klick auf einen solchen Link führt zu einer damit verknüpften Seite. Auch der Link, den Sie gerade in Ihr Dokument eingefügt haben, ist ein Verweis, allerdings auf die gefundene Word-Datei. Damit diese Datei geöffnet wird, halten Sie die Strg-Taste gedrückt und klicken mit der Maus auf den Verweis.

6 Inhalte von Dokumenten veranschaulichen

„Ein Bild sagt mehr als tausend Worte“, lautet ein bekanntes Sprichwort. Für Skizzen und Illustrationen stellt Ihnen Word daher Zeichenwerkzeuge zur Verfügung. Zudem können Sie Bilder direkt von Scanner oder Digitalkamera in Ihr Dokument einbinden. Auch Tabellen sind im Handumdrehen mit Word erstellt, ohne dass Sie auf ein separates Programm zugreifen müssen.

Im sechsten Kapitel dieses Buches erfahren Sie,

- wie Sie Skizzen und Zeichnungen mit Word erstellen,
- wie Sie Bilder direkt aus Word heraus einscannen,
- welche Möglichkeiten es gibt, Text um Bilder „fließen“ zu lassen,
- und was Sie mit Tabellen alles anfangen können.

Kapitel-Wegweiser

Zeichnen 80
  Erste Striche 80
  Die Grundelemente 81
  Linien und Farben 81
  Dimensionen und Effekte 84
Bilder von Scanner oder Kamera 85
Bilder und Textfluss 86
Bilddateien einfügen 88
Tabellen 89
  Tabellen erstellen 89
  Tabellen ausfüllen 90
  Tabellen bearbeiten 91
  Sortieren und Rechnen 93
  Löschen 95

Zeichnen

Word stellt für die Illustration von Texten umfangreiche Zeichenwerkzeuge zur Verfügung.

Erste Striche

Bevor Sie sich an größere Zeichenprojekte wagen, sollten Sie sich mit den Grundprinzipien vertraut machen.

1 Klicken Sie in der Menüleiste auf den Eintrag 

, führen Sie dann den Mauszeiger über 

, und klicken Sie in der seitlich aufklappenden Auswahl auf 

.

2 In Ihrem Dokument erscheint an der Stelle, an der die Einfügemarke positioniert ist, ein Rechteck.

Dieses Rechteck ist die Arbeitsfläche, auf der Sie zeichnen.

3 Sie können die Größe verändern, indem Sie den Mauszeiger über einen der fett dargestellten Eckpunkte führen, die Maustaste gedrückt halten und eine Ziehbewegung vollführen.

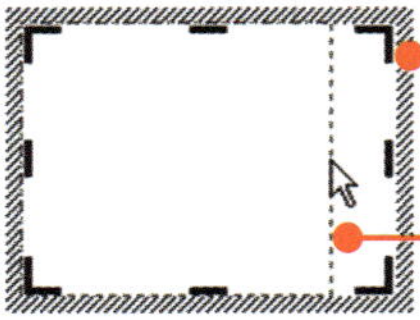

Die neue Abmessung können Sie während des Ziehvorgangs an der gestrichelten Linie erkennen.

4 Am unteren Bildschirmrand blendet Wort eine zusätzliche **Symbolleiste** ein, über die Sie Zugriff auf die Zeichenfunktionen bekommen.

5 Um das Zeichenwerkzeug auszuwählen, mit dem Sie eine Linie ziehen können, klicken Sie in dieser Leiste auf das Symbol 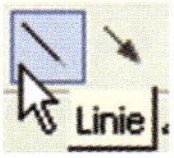

.

6 Klicken Sie in die Zeichenarbeitsfläche, halten Sie die Maustaste gedrückt, und führen Sie mit dem Mauszeiger eine seitlich Bewegung aus.

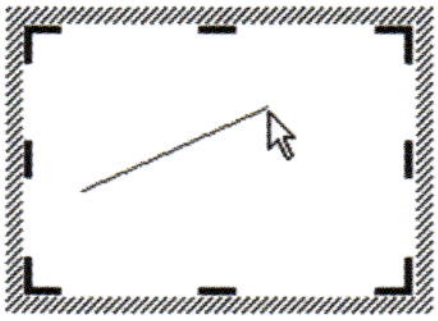

7 Lassen Sie die Maustaste los, und klicken Sie außerhalb des Recht-

ecks. Das Rechteck ist dann nicht mehr zu sehen, wohl aber die Linie.

Die Zeichenarbeitsfläche ist zwar momentan unsichtbar, aber dennoch weiter vorhanden. Sie enthält die Zeichnung, weswegen man auch von einem Container spricht. Klicken Sie auf diesen Container, also am besten dicht neben die gezeichnete Linie, wird die Umrandung wieder sichtbar, und Sie können weiterzeichnen.

Die Grundelemente

Neben Linien stehen Ihnen als weitere wichtige Zeicheninstrumente Pfeil, Rechteck und Ellipse zur Verfügung. Von links nach rechts sehen die jeweiligen Symbole so aus:

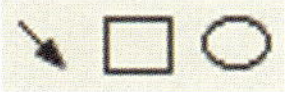

- Prinzipiell unterscheidet sich die Art des Zeichnens mit diesen Werkzeugen nicht vom einfachen Ziehen einer Linie. Wenn Sie per Mausklick ein Zeicheninstrument gewählt haben, klicken Sie in die Arbeitsfläche, halten die Maustaste gedrückt und bewegen dann den Mauszeiger. Diese Technik bezeichnet man als „Aufziehen" einer Figur.

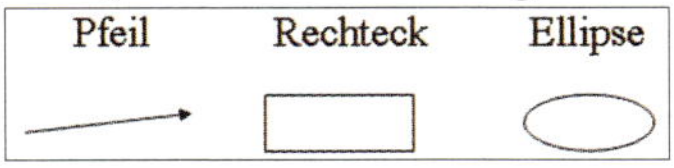

- Halten Sie die Strg-Taste gedrückt, während Sie eine Zeichenfigur aufziehen, können Sie besondere Ergebnisse erzielen. Im Falle von Linie und Pfeil erzeugen Sie damit eine exakt waagerechte Linienführung, wenn Sie beim Ziehen eine annähernd waagerechte Zeichenbewegung ausführen.

Verläuft diese Zeichenbewegung annähernd senkrecht, ziehen Sie eine exakt senkrechte Linie.

Auch die Winkelhalbierenden eines gedachten Kreuzes lassen sich so präzise zeichnen. Anders formuliert: Sie können Striche in exakten 45-Grad-Winkeln ausführen.

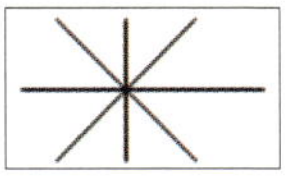

- Im Zusammenhang mit Rechteck und Ellipse bewirkt die Strg-Taste, dass Sie ein Quadrat beziehungsweise einen Kreis zeichnen.

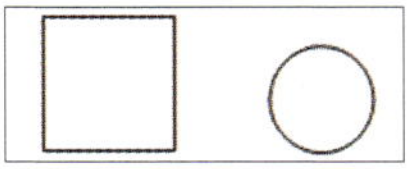

Linien und Farben

1 Zeichnen Sie zunächst einen Pfeil, verlassen Sie aber noch nicht den Container (also die Arbeitsfläche), so dass der Pfeil noch markiert erscheint.

2 Wenn Sie anschließend auf das Symbol

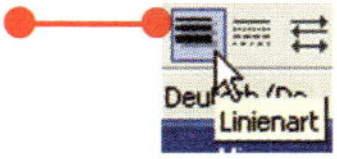

klicken, erscheint eine Auswahl an verschiedenen Strichstärken.

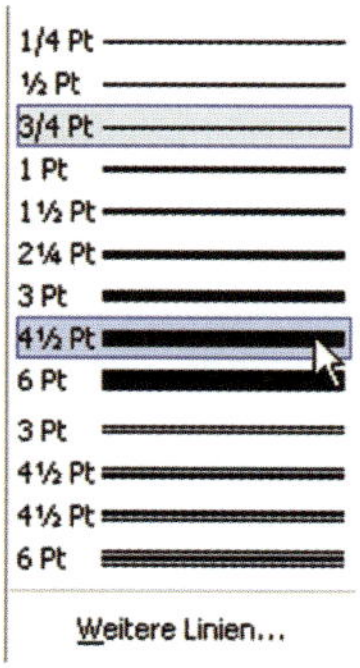

3 Per Mausklick treffen Sie Ihre Wahl. Das Ergebnis sehen Sie sofort im Zeichenbereich.

4 Um nun eine Auswahl an Stricharten zu öffnen, klicken Sie auf ●.

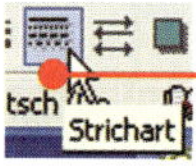

5 Auch hier genügt ein Klick auf den Vorschlag, der Ihnen am besten gefällt.

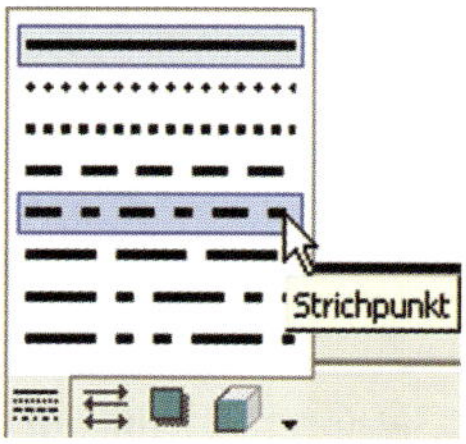

Unverzüglich sehen Sie das Ergebnis.

6 Eine Vielzahl unterschiedlicher Pfeilformen steht Ihnen nach einem Klick auf ●

ebenfalls zur Verfügung.

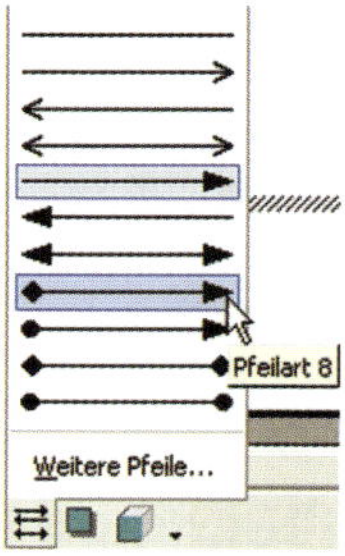

Die Auswahl erfolgt auch hier per Mausklick.

.

7 Um auf die verschiedenen Farben zugreifen zu können, klicken Sie auf den Pfeil neben dem Pinsel-Symbol ●.

8 Sobald Sie auf eine der angezeigten Farben klicken,

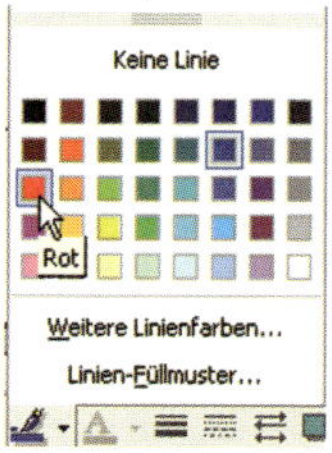

legt der Pfeil endlich sein tristes Aussehen ab.

9 Damit die Farbe auch richtig zur Geltung kommt, können Sie den Hintergrund der Zeichnung einfärben. Klicken Sie dazu als Erstes neben den Pfeil (aber noch innerhalb des Zeichencontainers!), damit der Pfeil nicht länger markiert ist, wohl aber dessen Hintergrund.

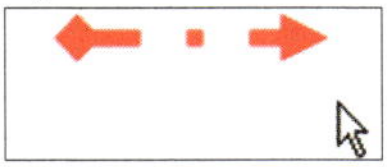

10 Danach rufen Sie über das Symbol

die Palette der Füllfarben auf, aus der Sie per Mausklick Ihre Wahl treffen.

Die Fläche des Containers wird daraufhin mit der gewünschten Farbe dargestellt. Die umgebende Dokumentenfläche bleibt von dieser Einfärbung unberührt.

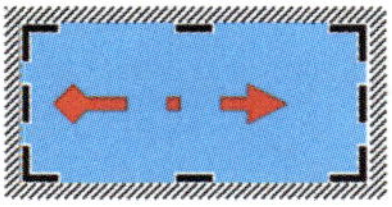

! Schnelle Farbwahl

Die beiden Symbole, mit denen Sie Linien oder Zeichnungs-Hintergründe einfärben können, zeigen in den kleinen Farbbalken die zuletzt verwendeten Farben an.

Wenn Sie diese Farben benutzen möchten, brauchen Sie nicht den Umweg über die Menüs zu gehen. Klicken Sie stattdessen einfach direkt auf die Symbole – aber nicht auf die Pfeile, mit denen Sie die Auswahl aufrufen!

11 Es stehen Ihnen nicht nur Füllfarben, sondern auch Fülleffekte zur Verfügung. Nach einem Klick im Farbmenü auf

erhalten Sie Zugriff auf unzählige Möglichkeiten der Hintergrundbearbeitung.

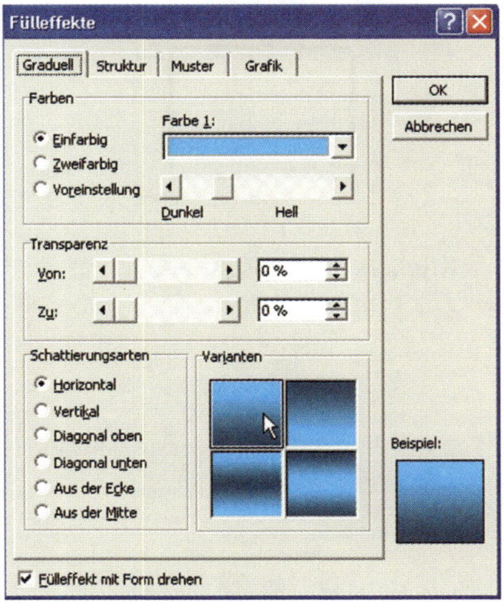

Für Demonstrationszwecke genügt ein Klick auf

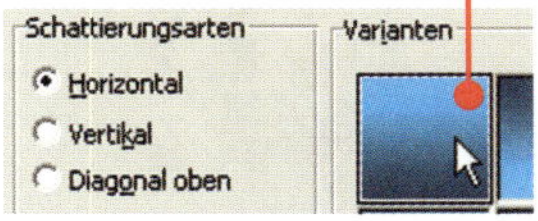

und auf

.

Wie Sie sehen, haben Sie damit einen interessanten Schattierungseffekt erzeugt.

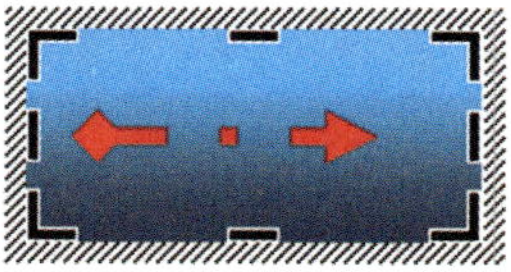

Dimensionen und Effekte

1 Um in die dritte Dimension vorzustoßen, zeichnen Sie zunächst ein Rechteck.

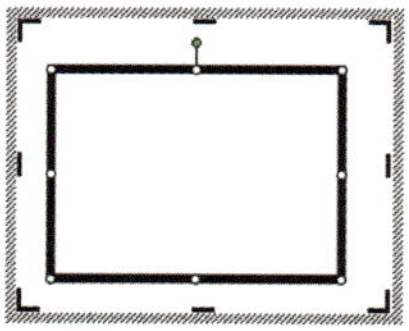

2 Klicken Sie anschließend in der Zeichnungsleiste auf das Symbol ●.

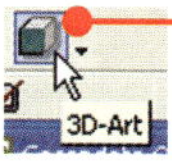

Daraufhin werden diverse geometrische Figuren eingeblendet.

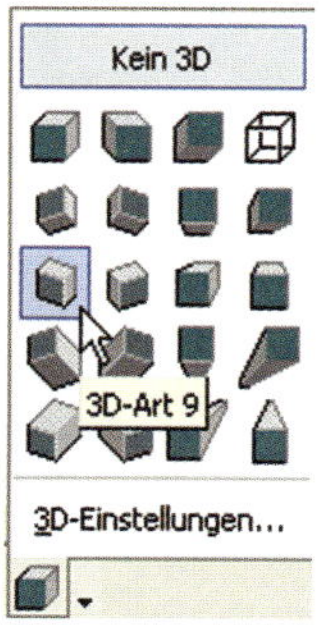

3 Sobald Sie nun auf eines der Objekte klicken, deren Ausrichtung Ihnen zusagt, wird Ihr gezeichnetes Rechteck zum Quader.

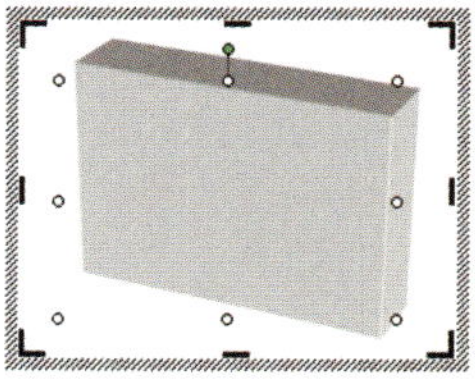

4 Viele vorgefertigte Zeichenelemente (wie Pfeile, Sterne und Flussdiagramme) erschließen Sie sich, wenn Sie in der Zeichnungsleiste auf die Schaltfläche

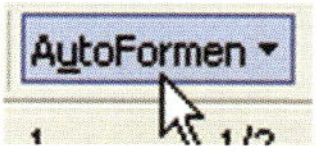

klicken. Dadurch öffnen Sie ein Menü mit zahlreichen Verzweigungen,

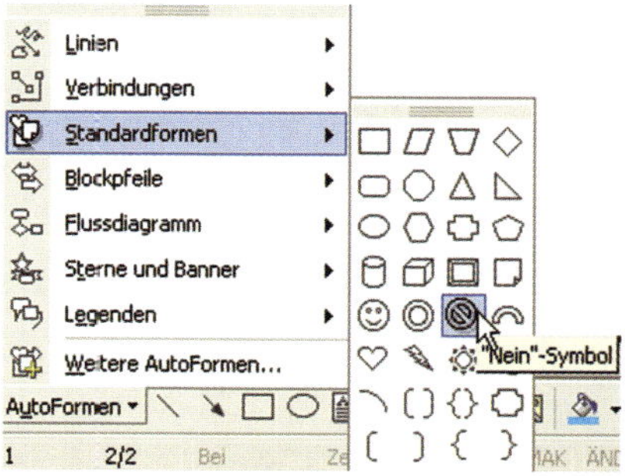

aus dem Sie sich nach Herzenslust per Mausklick bedienen können.

5 Recht nette Texteffekte können Sie mit WordArt erzielen. Klicken Sie auf ●,

wählen Sie dann per Mausklick ein Design aus,

und bestätigen Sie mit

.

6 Im Dialogfenster, das daraufhin erscheint, tippen Sie einen Text ein

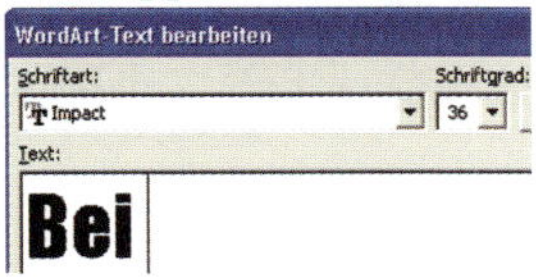

und bestätigen erneut mit

.

Infolgedessen wird der Text mit dem von Ihnen gewählten Effekt in Ihr Dokument eingefügt.

Bilder von Scanner oder Kamera

Wenn Sie einen Scanner oder eine Digitalkamera an Ihren Rechner angeschlossen haben, können Sie Bilder direkt von diesen **Peripheriegeräten** in Ihr Dokument einbinden.

1 Klicken Sie zunächst in der Menüleiste auf den Eintrag

,

führen Sie dann den Mauszeiger über den Eintrag

,

und klicken Sie schließlich im seitlich erscheinenden Menü auf ●.

2 Falls Sie mehrere Eingabegeräte angeschlossen haben, können Sie im nachfolgenden Dialogfenster

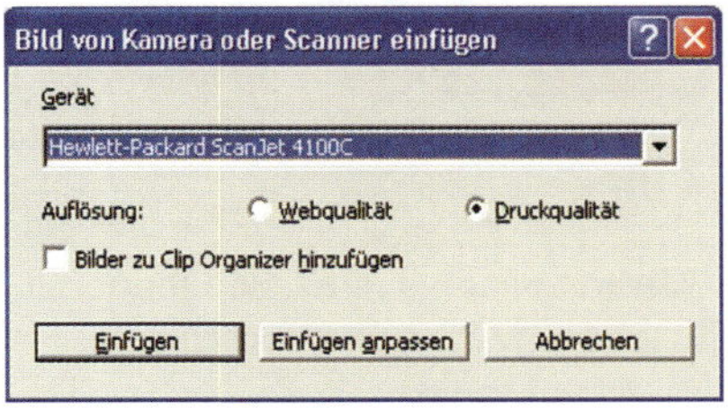

eines davon auswählen, indem Sie auf den Pfeil neben der Geräteanzeige ●

klicken und in der geöffneten Liste einen Scanner oder eine Kamera wählen.

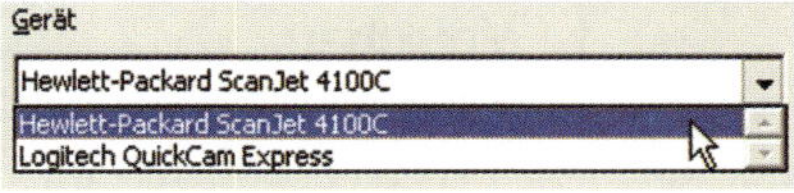

3 Wenn Ihr Dokument nicht für den Einsatz im Internet gedacht ist, wählen Sie als Auflösung

und klicken danach auf die Schaltfläche

, um die letzten Einstellungen vorzunehmen.

4 Das nächste Fenster enthält einen Einstellungs- und einen Vorschaubereich.

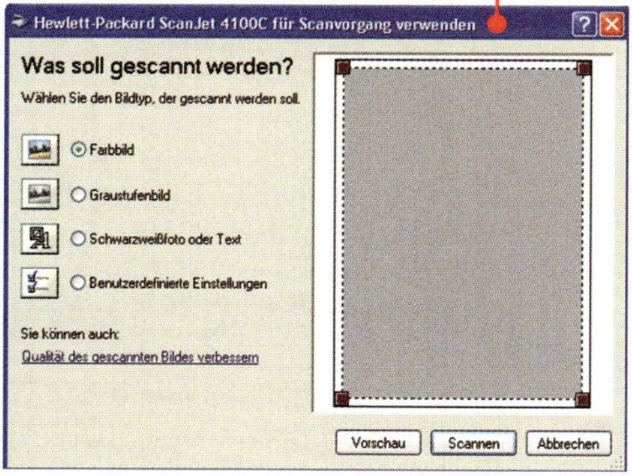

Klicken Sie als Erstes die Option an, die Ihr Motiv am besten beschreibt.

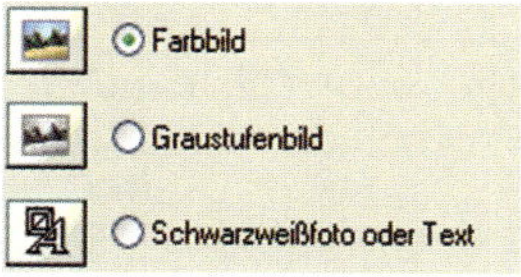

5 Nach einem Klick auf die Schaltfläche

startet ein Probe-Scan. Durch **Ziehen** der Anfasser an den Ecken des Vorschaubildes können Sie den Ausschnitt, der gescannt werden soll, genauer festlegen.

6 Um den eigentlichen Scan-Vorgang auszulösen, klicken Sie auf

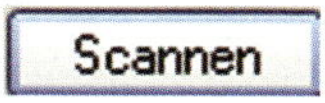

. Einen Augenblick später erscheint das Bild in Ihrem Dokument.

Bilder und Textfluss

Wenn Sie sich für eine bestimmte Form des Textflusses entscheiden, bestimmen Sie damit, wie sich Text und Grafik zueinander verhalten

1 Klicken Sie zunächst in der Menüleiste auf den Eintrag

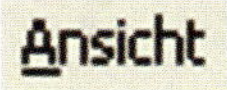

, führen Sie dann den Mauszeiger über den Eintrag

, und klicken Sie schließlich auf

.

2 Auf dem Bildschirm erscheint daraufhin eine frei verstellbare Symbolleiste.

Frei verstellbar bedeutet, dass Sie diese Symbolleiste problemlos verschieben können, falls sie Ihnen den Blick versperrt. Führen Sie dazu den Mauszeiger über den Titelbalken ●, halten Sie die Maustaste gedrückt, und ziehen Sie die Leiste zur gewünschten Seite.

3 Markieren Sie nun ein Grafikelement per Mausklick. Ein gescanntes Bild können Sie direkt markieren, bei Zeichnungen dagegen markieren Sie den Container.

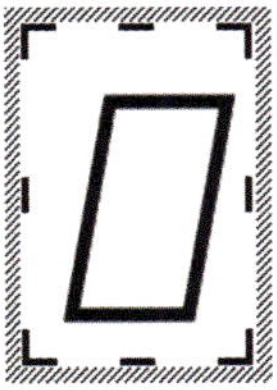

4 Anschließend klicken Sie in der Grafikleiste auf das Symbol ●.

Dadurch werden Ihnen verschiedene Möglichkeiten angeboten, den Textfluss festzulegen. ●

➔ Ein Mausklick auf den Eintrag

bewirkt, dass der Text bis an den oberen Rand des Containers reicht und unterhalb des Containers fortgesetzt wird.

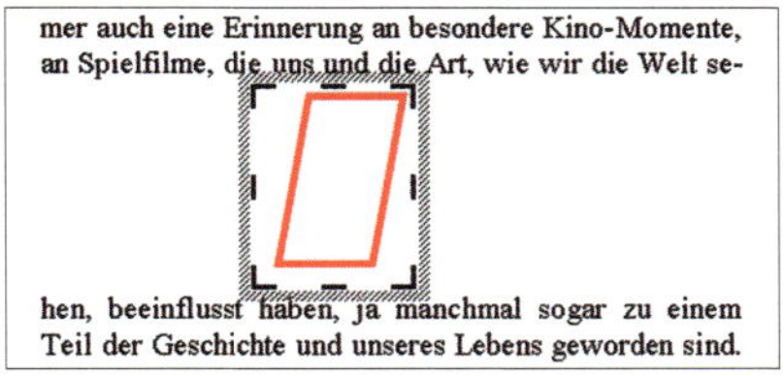

➔ Nach einem Klick auf

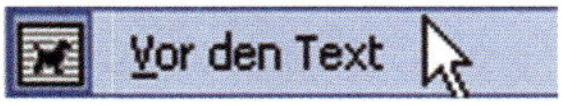

verdeckt die Grafik den dahinter liegenden Text.

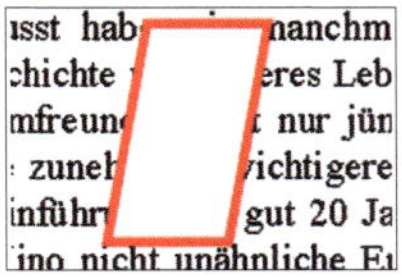

➔ Wählen Sie die Option

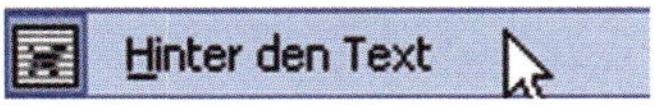

rückt die Grafik in den Hintergrund.

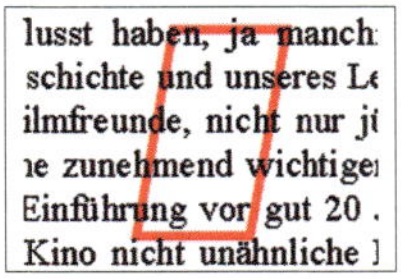

➔ Klicken Sie in der Auswahl auf

, „umfließt" der Text die Grafik und passt sich dabei an deren Form an.

➔ Ein Klick auf das Symbol

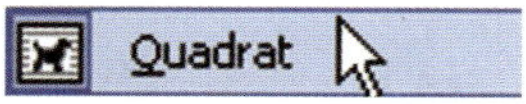

führt dazu, dass der Text die Grafik in Form eines Quadrates umfließt.

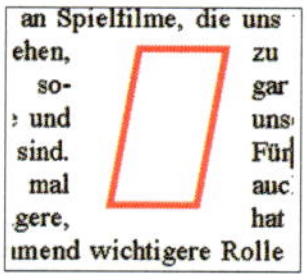

Bilddateien einfügen

Um eine Bilddatei in ein Dokument einzufügen, gehen Sie folgendermaßen vor:

1 Positionieren Sie zunächst die Einfügemarke an der Stelle in Ihrem Dokument, an der Sie ein Bild einfügen möchten.

2 Klicken Sie dann im Menü auf

, führen Sie den Mauszeiger über den Eintrag

, und klicken Sie in der seitlich erscheinenden Auswahl auf

.

3 Im Dateimanager-Fenster, das dadurch geöffnet wird, stöbern Sie nach der Grafik-Datei, die Sie in Ihr Dokument einbinden wollen. Nachdem Sie die Datei gefunden haben, markieren Sie sie.

4 Danach klicken Sie auf den Pfeil in der Schaltfläche „Einfügen".

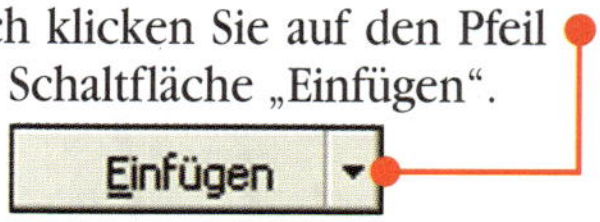

Jetzt haben Sie verschiedene Möglichkeiten:

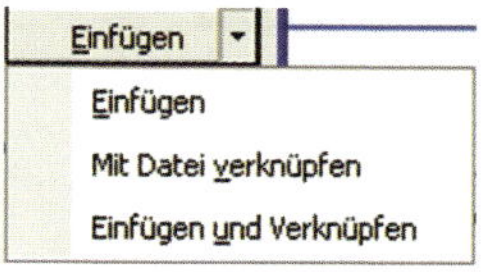

➔ Wenn Sie auf den Eintrag

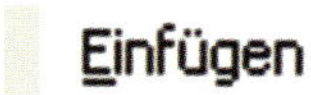

klicken, wird das Bild in Ihr Dokument eingebettet, also ein Teil dieses Textdokuments.

➔ Wählen Sie dagegen die Option

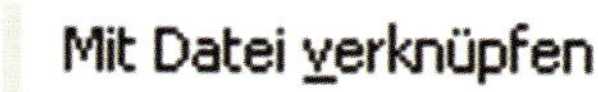

, erscheint das Bild zwar optisch genauso wie bei der Einbettung, technisch gesehen wird im Dokument aber nur ein Verweis auf diese Bilddatei angelegt. Das eigentliche Bild bleibt eine vom Textdokument unabhängige Datei.

→ Falls Sie möchten, dass nachträgliche Änderungen an der Bilddatei auch automatisch in Ihrem Textdokument aktualisiert erscheinen, müssen Sie die Verknüpfungs-Option wählen.

→ Wollen Sie genau das verhindern, wählen Sie die Variante des Einbettens. Dies ist auch die Methode, die Word standardmäßig wählt, wenn Sie das Einfügen-Optionsmenü gar nicht bemühen und nur auf die Schaltfläche

klicken. Bedenken Sie allerdings, dass die Dateigröße Ihres Dokuments bei eingebetteten Bildern unter Umständen rapide zunehmen kann, da ja bei jeder Einbettung die kompletten Daten eines Bildes hinzugefügt werden. Wenn Sie Ihr Dokument weitergeben möchten, müssen Sie andererseits im Fall der Verknüpfung daran denken, die Bilddateien ebenfalls mit Ihrem Dokument mitzugeben.

Tabellen

Tabellen können Sie als Gestaltungsmittel einsetzen, um Informationen übersichtlich und anschaulich zu präsentieren. Aber auch Sortierungen und Berechnungen lassen sich damit durchführen.

Tabellen erstellen

1 Um eine Tabelle anzulegen, positionieren Sie zunächst die Einfügemarke an der Stelle, an der Sie die Tabelle einfügen wollen.

2 Klicken Sie dann in der Menüleiste auf

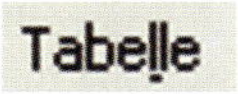

,
führen Sie den Mauszeiger im aufgeklappten Menü über den Eintrag

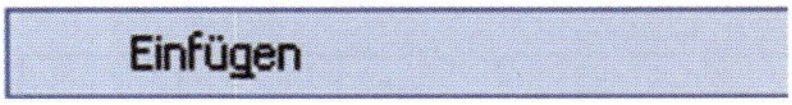

,
und klicken Sie in der seitlich erscheinenden Auswahl auf

.

3 Es erscheint ein Dialogfenster, in dem Sie Angaben zum Aussehen der Tabelle machen können.

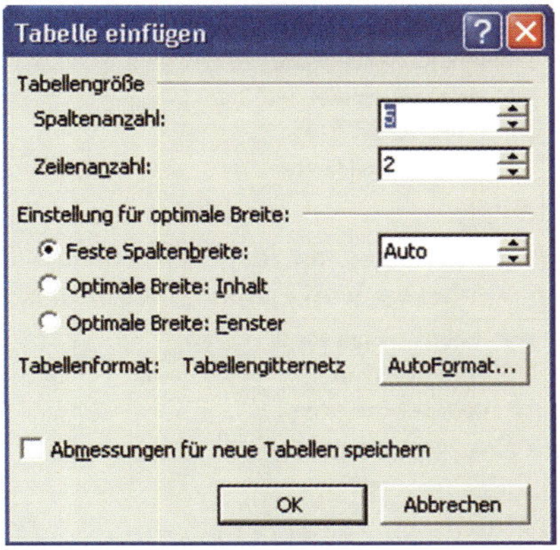

Im Bereich „Tabellengröße“

geben Sie die voraussichtlich benötigte Anzahl von Spalten und Zeilen ein. Falls Sie die exakten Werte noch nicht kennen, ist das nicht weiter schlimm. Auch nachdem Sie die Tabelle erstellt haben, ist es noch möglich, zusätzliche Spalten und Zeilen einzufügen oder zu löschen.

4 Die Breite der einzelnen Tabellenspalten müssen Sie hingegen schon jetzt bestimmen. Dabei geht es grundsätzlich darum, ob alle Spalten gleich breit sein sollen

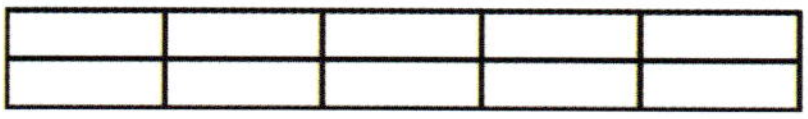

oder ob sich die Spaltenbreite dem jeweiligen Inhalt anpassen soll.

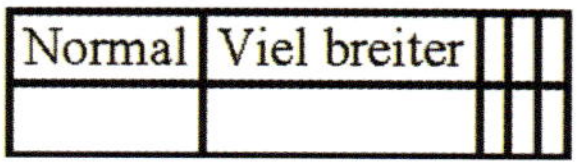

➔ Wählen Sie im zweiten Fall die Option ●.

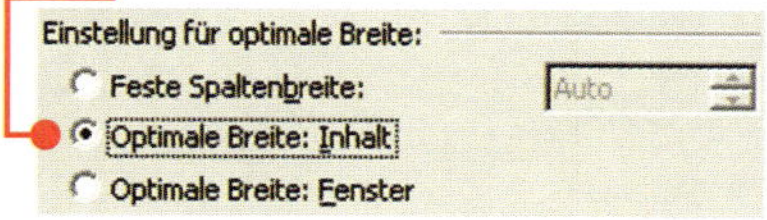

➔ Bevorzugen Sie dagegen eine fixe Spaltenbreite, wählen Sie die Option ●.

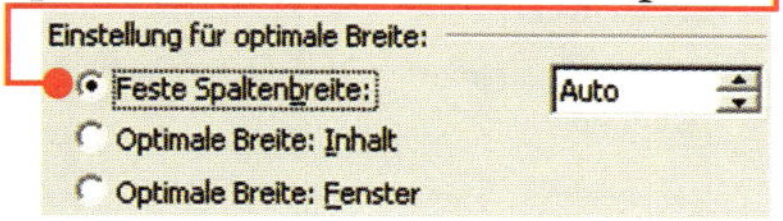

➔ Wenn Sie es bei dem Wert

belassen, verteilt Word die Spalten gleichmäßig über die Breite des Dokuments

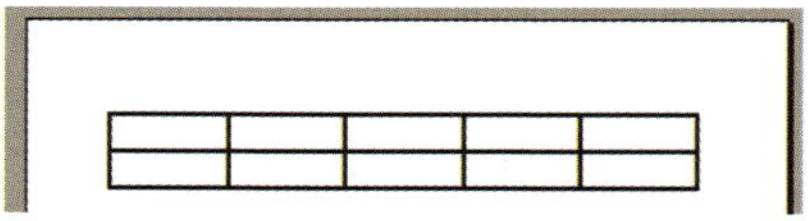

beziehungsweise bei mehrspaltigen Dokumenten über die Breite der Dokumentenspalte.

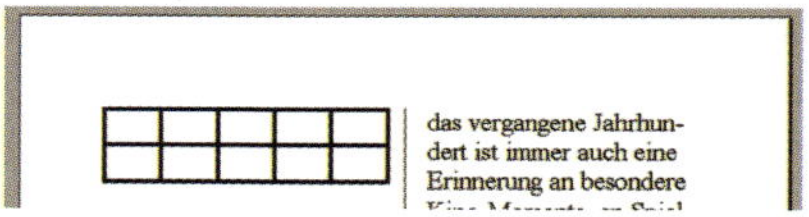

➔ Um absolute Werte für die Breite der Spalten vorzugeben, klicken Sie auf die Pfeile ●

und stellen das gewünschte Maß ein.

5 Zum Schluss brauchen Sie Ihre Eingaben nur noch mit einem Klick auf

zu bestätigen – und schon wird eine leere Tabelle nach Ihren Vorgaben erstellt und in Ihr Dokument eingefügt.

Tabellen ausfüllen

Die einzelnen Kästchen einer Tabelle bezeichnet man als Zellen.

1 Praktischerweise befindet sich die Einfügemarke nach dem Einfügen der Tabelle bereits in der ersten Zelle,

so dass Sie sofort mit der Eingabe beginnen können.

Mo.	

2 Drücken Sie die ⇄-Taste, springt die Einfügemarke in die nächste Zelle in derselben Zeile.

Mo.	

3 Ist das Zeilenende erreicht, springt die Einfügemarke nach Betätigen der ⇄-Taste automatisch in die nächste Zeile.

Mo.	Die.	Mi.	Do.	Fr.

4 Auf diese Weise können Sie die Tabelle nach und nach ausfüllen.

Mo.	Die.	Mi.	Do.	Fr.
Deu	Ma	Mu	Deu	-
Deu	Lat	Deu	Eng	Eng
Eng	-	Erd	-	Ma
-	Ge	Erd	-	Ma
Sp	-	Bio	Ge	-
Sp	-	Lat	-	-

Um die Zeilenanzahl brauchen Sie sich dabei nicht zu kümmern. Sobald das Ende der Tabelle erreicht ist und Sie die ⇄-Taste gedrückt haben, hängt Word selbstständig eine neue Zeile an die Tabelle an.

➔ Um sich in der Tabelle zu bewegen, können Sie auch die Richtungstasten verwenden oder die Einfügemarke direkt mit der Maus in eine bestimmte Zelle platzieren.

Tabellen bearbeiten

Auf Wunsch lässt sich das Erscheinungsbild einer Tabelle noch verfeinern.

1 Damit nachträglich eine Spalte in eine Tabelle eingefügt wird, positionieren Sie die Einfügemarke in einer Zelle in der ersten Spalte,

Mo.	Die.
Deu	Ma

klicken dann in der Menüleiste auf

,

führen den Mauszeiger im aufklappenden Tabellen-Menü über

,

und klicken schließlich, nachdem seitlich Einträge erscheinen, auf

.

2 Word fügt daraufhin links neben der Spalte, in der sich die Einfügemarke befindet, eine weitere Spalte ein, die direkt nach dem Einfügen dunkel hinterlegt ist.

	Mo.
	Deu
	Deu

Auch diese Spalte können Sie nun ausfüllen.

Std.	Mo.	Die.	Mi.	Do.	Fr.
1.	Deu	Ma	Mu	Deu	-
2.	Deu	Lat	Deu	Eng	Eng
3.	Eng	-	Erd	-	Ma
4.	-	Ge	Erd	-	Ma
5.	Sp	-	Bio	Ge	-
6.	Sp	-	Lat	-	-

3 Zeilen unten an eine Tabelle anzuhängen, ist kein Problem, wie Sie schon beim Ausfüllen gesehen haben. Um eine Zeile in eine Tabelle einzufügen, setzen Sie die Einfügemarke in eine Zelle der Zeile, vor die Sie eine weitere Zeile einfügen möchten, im Beispiel ist dies die oberste.

	Mo.	I

Öffnen Sie nun wieder das Menü

Tabelle,

führen Sie den Mauszeiger über

Einfügen,

und klicken Sie dann in der seitlich sich öffnenden Auswahl auf

Zeilen oberhalb.

4 Anschließend fügt Word über der obersten Zeile eine weitere Zeile ein, die unmittelbar nach dem Einfügen dunkel hinterlegt ist.

Std.	Mo.	Die.	Mi.	Do.	Fr.

5 Wenn die oberste Zeile, wie in diesem Beispiel, eine Überschrift enthalten soll, empfiehlt es sich, auf die Trennstriche zwischen den Zellen zu verzichten. Klicken Sie dazu wieder auf

Tabelle

und im geöffneten Menü auf

Zellen verbinden.

Jetzt können Sie in Ihrer Tabelle sehen, dass in der neu eingefügten obersten Zeile die Trennstriche zwischen den Zellen verschwunden sind.

Std.	Mo.	Die.	Mi.	Do.	Fr.

Die Zellen dieser Zeile wurden miteinander verbunden. Die erste Zeile enthält also nur eine, sehr breite, Zelle. Ansonsten verhält sie sich wie alle anderen Zellen auch. Sie können also sofort einen Text eintippen.

Stundenplan					
Std.	Mo.	Die.	Mi.	Do.	Fr.

6 Damit die Tabellen-Überschrift gleich ins Auge fällt, müssen Sie zunächst eine **Markierung** setzen. Positionieren Sie die Einfügemarke dazu in der obersten Zelle. Stundenplan

Danach klicken Sie auf

Tabelle,

führen den Mauszeiger über

Markieren

und klicken im seitlich aufklappenden Menü auf **Zelle**.

Die erfolgte Markierung erkennen Sie daran, dass die Zelle nun dunkel hinterlegt ist.

Stundenplan	
Std.	Mo.

7 Wenn Sie anschließend in der Symbolleiste auf **F**

und auf 

klicken, wird die Zelle fett formatiert und mittig ausgerichtet.

Stundenplan					
Std.	Mo.	Die.	Mi.	Do.	Fr.

8 Natürlich können Sie nicht nur Zellen, sondern auch Spalten oder die ganze Tabelle markieren. Das dafür zuständige Menü erreichen Sie über

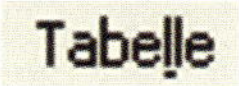

und

. In dem sich öffnenden Menü treffen Sie Ihre Wahl per Mausklick.

9 Sie können aber auch einen Bereich nebeneinander liegender Zellen markieren. Setzen Sie dazu die Einfügemarke in eine Zelle, die gerade noch in den Markierungsbereich eingeschlossen werden soll,

Std.	Mo.
1.	Deu

und drücken Sie dann die ⇧-Taste. Während Sie diese Taste gedrückt halten, klicken Sie in die Zelle, die den entgegengesetzten Rand des Markierungsbereichs bilden soll. Wie Sie sehen, wird der Bereich umgehend markiert.

10 Jetzt können Sie beispielsweise auf

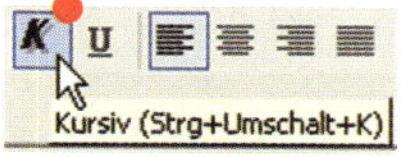

klicken, damit die markierten Einträge kursiv dargestellt werden.

Stundenplan					
Std.	Mo.	Die.	Mi.	Do.	Fr.
1.	*Deu*	*Ma*	*Mu*	*Deu*	-
2.	*Deu*	*Lat*	*Deu*	*Eng*	*Eng*
3.	*Eng*	-	*Erd*	-	*Ma*
4.	-	*Ge*	*Erd*	-	*Ma*
5.	*Sp*	-	*Bio*	*Ge*	-
6.	*Sp*	-	*Lat*	-	-

Sortieren und Rechnen

Die Tabellen, die Sie mit Word erstellen, bieten natürlich nicht die Funktionsvielfalt von Spezialprogrammen wie **Excel**. Aber im Rahmen einer Textverarbeitung reicht es meist, Werte zu sortieren oder eine Summe zu berechnen.

1 Erstellen Sie zunächst eine Tabelle mit drei Spalten, und beschriften Sie die Zellen der obersten Zeile wie im Beispiel:

Vorname	Name	Betrag

Stundenplan					
Std.	Mo.	Die.	Mi.	Do.	Fr.
1.	Deu	Ma	Mu	Deu	-
2.	Deu	Lat	Deu	Eng	Eng
3.	Eng	-	Erd	-	Ma
4.	-	Ge	Erd	-	Ma
5.	Sp	-	Bio	Ge	-
6.	Sp	-	Lat	-	-

2 Tragen Sie nun einige Beispielnamen und Beträge in die Tabelle ein. Die Beträge sind Spenden, Beiträge oder was auch immer Sie in einer solchen Auflistung präsentieren wollen.

Vorname	Name	Betrag
Heinz	Müller	120
Karl	Napf	80
Heinrich	Tanne	70
Frieda	Flieder	95

3 Setzen Sie die Einfügemarke in die erste Zeile mit den Spaltenbezeichnungen, klicken Sie dann auf

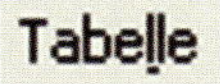

,

führen Sie den Mauszeiger über

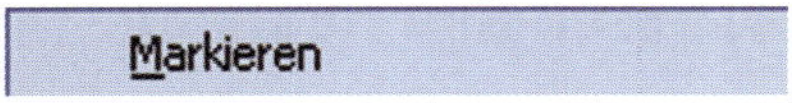

,

und klicken Sie schließlich auf

.

Die oberste Zeile ist nun markiert.

4 Anschließend klicken Sie auf ,

um die Spaltenbezeichnungen fett zu formatieren.

Vorname	**Name**	**Betrag**
Heinz	Müller	120
Karl	Napf	80
Heinrich	Tanne	70
Frieda	Flieder	95

Dieser Schritt ist nötig, damit die Tabellenfunktion von Word die Einträge in der obersten Zeile als Überschriften erkennt und nicht in die Sortierung mit einbezieht.

5 Achten Sie darauf, dass sich die Einfügemarke in der Tabelle befindet. Wenn dies der Fall ist, klicken Sie auf

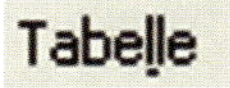

und im geöffneten Menü auf

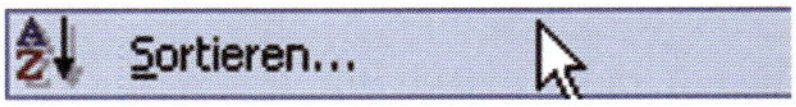

.

6 Daraufhin wird ein Dialogfenster angezeigt, in dem Sie die Einstellungen für die Sortierung vornehmen können.

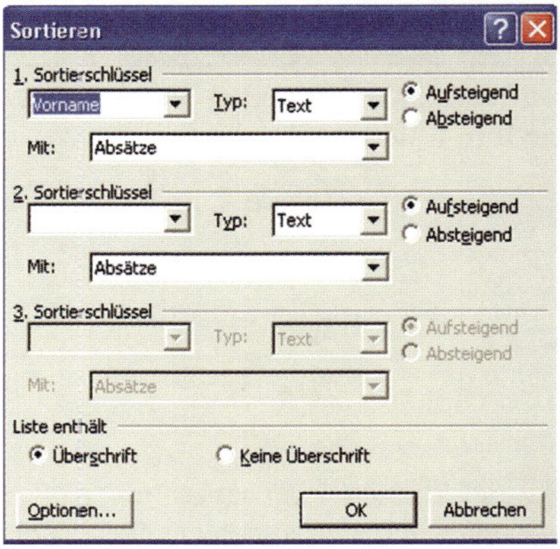

Wenn Sie im Bereich „Sortierschlüssel" auf den nach unten weisenden Pfeil

klicken, öffnet sich eine kleine Liste mit den Spaltenbezeichnungen. Hier können Sie per Mausklick bestimmen, nach welchem Kriterium Ihre Tabelle sortiert werden soll.

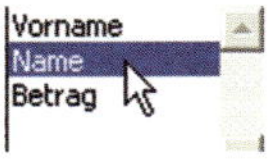

7 Vergewissern Sie sich, dass der Datentyp

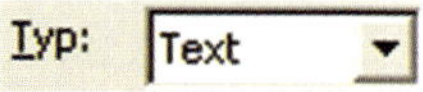

und die Sortierreihenfolge

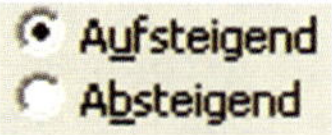

wunschgemäß eingestellt sind, und klicken Sie dann auf

.

Das Beispielbild zeigt, dass die Tabelle jetzt alphabetisch nach Nachnamen sortiert wurde.

Vorname	Name	Betrag
Frieda	Flieder	95
Heinz	Müller	120
Karl	Napf	80
Heinrich	Tanne	70

8 Damit Word die Summe der eingegangenen Beträge berechnet, gehen Sie folgendermaßen vor: Fügen Sie der Tabelle zunächst eine weitere Zeile hinzu, indem Sie die Einfügemarke in der untersten Zeile in die Zelle ganz rechts setzen und dann auf die ⇆-Taste drücken.

Vorname	Name	Betrag
Frieda	Flieder	95
Heinz	Müller	120
Karl	Napf	80
Heinrich	Tanne	70

9 Danach setzen Sie die Einfügemarke in die unterste Zelle der Betragsspalte,

Betrag
95
120
80
70

öffnen dann das Menü

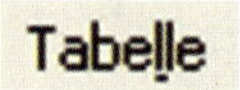

und klicken dort auf den Eintrag

.

10 Akzeptieren Sie den Formelvorschlag,

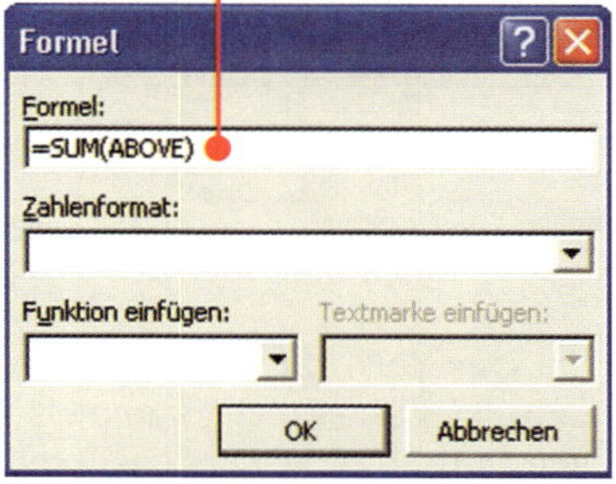

indem Sie auf

klicken. Word zeigt daraufhin im untersten Feld der Betragsspalte die Summe der Beträge an.

Betrag
95
120
80
70
365

Löschen

Beim Arbeiten mit der Tabellenfunktion von Word muss man zwischen dem Löschen von Inhalten und dem Löschen von Tabellenelementen beziehungsweise der ganzen Tabelle unterscheiden.

Wenn Sie beispielsweise die Zeile einer Tabelle markieren

Vorname	Name	Betrag
Frieda	Flieder	95
Heinz	Müller	120
Karl	Napf	80
Heinrich	Tanne	70
		365

und dann die Entf-Taste drücken, verschwindet nur der Inhalt der Zeile, nicht aber die Zeile selbst.

Vorname	Name	Betrag
Frieda	Flieder	95
Karl	Napf	80
Heinrich	Tanne	70
		365

Um eine Zeile, die Inhalt enthalten kann oder auch nicht, komplett zu löschen, müssen Sie wieder das Menü

Tabelle

aufrufen. Dort führen Sie den Mauszeiger über den Eintrag

Löschen

und klicken in der seitlich auftauchenden Auswahl auf

Zeilen.

Dadurch wird die Zeile aus der Tabelle entfernt.

Vorname	Name	Betrag
Frieda	Flieder	95
Karl	Napf	80
Heinrich	Tanne	70
		365

Anders als bei den meisten **Tabellenkalkulationsprogrammen** müssen Sie das Ergebnis der Berechnung nach dem Wegfall der Zeile jetzt noch auf den neuesten Stand bringen. Klicken Sie dazu mit der rechten (!) Maustaste auf den Zellwert. Sowie Sie im Kontextmenü dann auf

Felder aktualisieren

klicken, zeigt die Tabelle den korrekten Wert an.

Vorname	Name	Betrag
Frieda	Flieder	95
Karl	Napf	80
Heinrich	Tanne	70
		245

Tabelle oder Spalten komplett löschen

Um Spalten oder auch die Tabelle selbst zu entfernen, müssen Sie denselben Weg durch das Tabellenmenü gehen, wie er soeben für das Löschen einer Zeile beschrieben wurde. Klicks auf

Spalten

beziehungsweise

Tabelle

befreien Sie dann von den unerwünschten Elementen.

7 Texte wunschgemäß ausdrucken

Als Computer die Büros eroberten, träumten viele geplagte Angestellte vom papierlosen Büro. Hingegen: In Wirklichkeit sprechen viele Untersuchungen davon, dass sich das Papieraufkommen durch die Rechenknechte eher noch erhöht hat. Kein Wunder, denn mit einer professionellen Textverarbeitung wie Word kann man in Zusammenarbeit mit heutigen Druckern vom Brief bis zu umfangreichen Dokumentationen alle möglichen Druckwerke problemlos in hervorragender Qualität auch in hohen Stückzahlen erstellen.

Im siebten Kapitel dieses Buches erfahren Sie,

- wie Sie mit Standarddrucker und Standardeinstellungen drucken,
- wie Sie festlegen, was Sie drucken,
- wie Sie mit der Zoomfunktion Papierkosten sparen,
- und wie Sie mit der Seriendruck-Funktion viele Empfänger individuell ansprechen.

Kapitel-Wegweiser

Einfach drucken 98
Druckoptionen 98
  Druckerauswahl 98
  Druckbereich 99
  Seitenzahlen beim Druck 100
  Mehrere Exemplare drucken 101
  Beidseitiges Drucken 101
  Die Zoomfunktionen 102
  Felder aktualisieren 103
Seriendruck 104

Einfach drucken

Unter **Windows XP** können Sie viele verschiedene Drucker verwenden. Einen davon legen Sie als Standarddrucker fest. Haben Sie nur einen Drucker installiert, wird dieser Drucker von Windows automatisch als Standarddrucker verwaltet.

- Der einfachste Weg, ein Dokument auszudrucken, besteht darin, in der Symbolleiste auf

zu klicken. Word spricht dann das als Standarddrucker definierte Gerät an und druckt das komplette Dokument aus - und zwar genauso wie Ihr Dokument in der Layout-Ansicht aussieht. In der **Taskleiste** erscheint ein entsprechendes Symbol.

Per Doppelklick auf dieses Symbol können Sie sich einen Überblick über den Status Ihres Druckauftrages verschaffen.

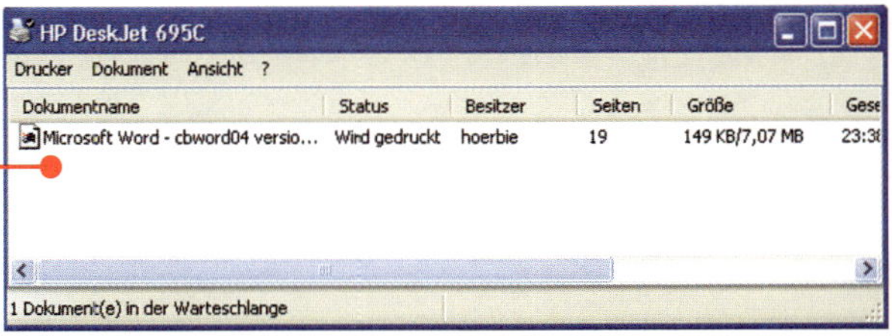

Wenn es sich allerdings nur um ein kurzes Dokument handelt und Sie einen relativ schnellen Drucker angeschlossen haben, kann es sein, dass Word den Druckauftrag so flott weitergeben hat, dass das Symbol praktisch gar nicht erst in der Taskleiste erscheint.

- Wollen Sie den Druckvorgang abbrechen, weil Ihnen beispielsweise im letzten Augenblick noch ein Fehler in Ihrem Dokument aufgefallen ist, markieren Sie den Druckauftrag

und drücken dann auf die Entf-Taste. Meistens druckt der Drucker dann noch kurze Zeit weiter, bis der Teil des Druckauftrags, der sich bereits in seinem Zwischenspeicher befindet, abgearbeitet ist. Erst wenn der Drucker neue Daten benötigt, die er aus der Druckerwarteschlange des Computers geliefert bekommt, wird der Druck endgültig beendet.

Druckoptionen

Drucken Sie nur knappe Notizen oder einen Brief aus, genügt in der Regel die eben beschriebene Form des Blitzausdrucks. Word bietet Ihnen aber darüber hinaus viele Möglichkeiten, die Druckausgabe zu steuern.

Druckerauswahl

Um einen Drucker für einen Druckvorgang auszuwählen, gehen Sie wie folgt vor:

1 Klicken Sie in der Menüleiste auf den Eintrag

und im aufklappenden Menü auf

.

2 Dadurch öffnen Sie ein Dialogfenster, über das Sie die Druckoptionen festlegen können.

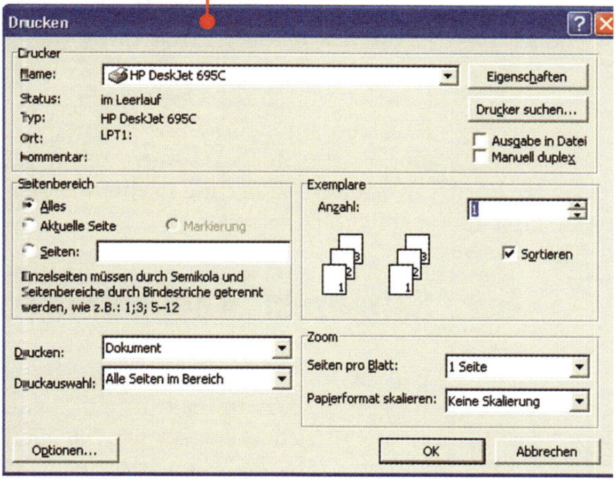

3 Nach einem Klick im Bereich „Drucker" auf den nach unten weisenden Pfeil

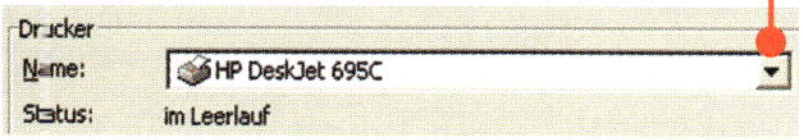

wird eine Liste mit sämtlichen Druckern, auf die Sie Zugriff haben, aufgeklappt.

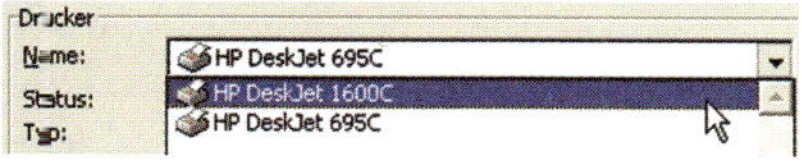

Per Mausklick wählen Sie einen Drucker aus.

Druckbereich

Im „Seitenbereich" des Drucken-Dialogfensters

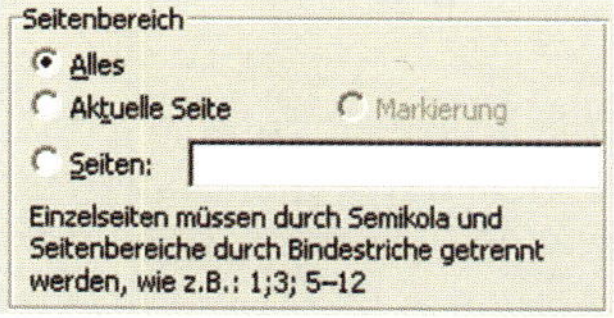

können Sie durch Anklicken der jeweiligen Option festlegen, welche Seiten genau ausgedruckt werden sollen.

- Damit das gesamte Dokument gedruckt wird, klicken Sie auf

, um nur die Seite, auf der sich die Einfügemarke gerade befindet, auszudrucken, aktivieren Sie

.

Beachten Sie jedoch, dass diese Seite nicht unbedingt die Seite ist, die gerade auf Ihrem Bildschirm angezeigt wird!

- Sie haben auch die Möglichkeit, anhand der Seitenzahlen zu bestimmen, welchen Teil Ihres Dokuments Sie drucken möchten. In dem Fall wählen Sie die Option

aus und tippen die Seitenzahl daneben ein.

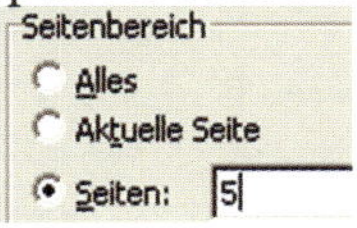

Wollen Sie mehrere Seiten drucken, die nicht direkt aneinander anschließen, trennen Sie die einzelnen Seitenzahlen durch Semikola ab. Um beispielsweise die Seiten 3 und 6 auszudrucken, muss das Eingabefeld so aussehen:

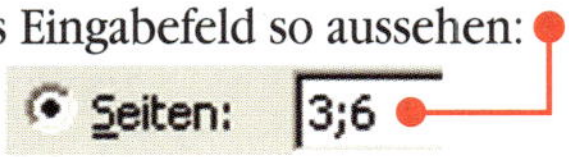

Falls die Seiten, die Sie ausdrucken möchten, direkt nebeneinander liegen, verbinden Sie die Seitenzahlen mit einem Bindestrich. Die Eingabe

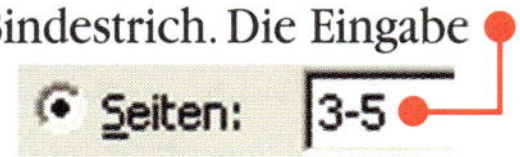

druckt die Seiten 3, 4 und 5 aus.

Auch Kombinationen aus diesen Varianten sind möglich. Tippen Sie

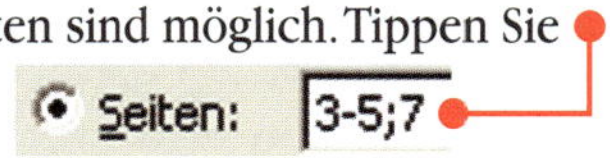

ein, veranlassen Sie einen Ausdruck der Seiten 3, 4, 5 und 7.

Damit nur ein Teil einer Seite gedruckt wird, also nicht der gesamte Text, setzen Sie zunächst eine Markierung in Ihrem Dokument

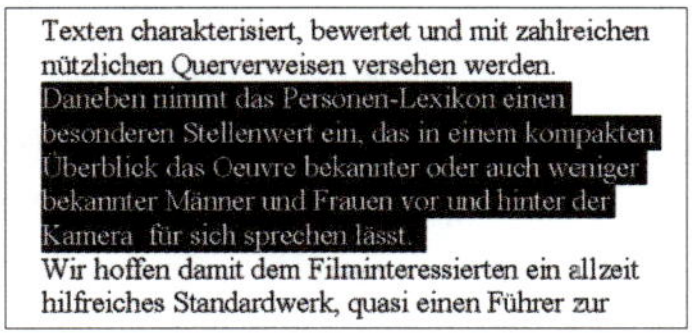
Texten charakterisiert, bewertet und mit zahlreichen nützlichen Querverweisen versehen werden.
Daneben nimmt das Personen-Lexikon einen besonderen Stellenwert ein, das in einem kompakten Überblick das Oeuvre bekannter oder auch weniger bekannter Männer und Frauen vor und hinter der Kamera für sich sprechen lässt.
Wir hoffen damit dem Filminteressierten ein allzeit hilfreiches Standardwerk, quasi einen Führer zur

und rufen anschließend das Druckmenü auf. Im Bereich

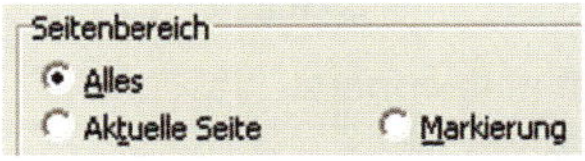

können Sie dort per Mausklick auf

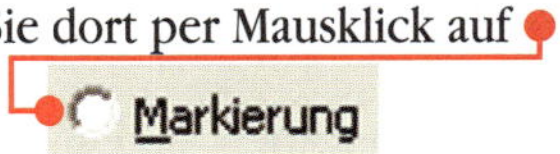

die Option aktivieren.

Nur der markierte Teil Ihres Dokuments wird dann ausgedruckt. Normalerweise ist dieses Optionsfeld abgeblendet dargestellt. Sie können diese Option also nur auswählen, wenn Sie zuvor eine Markierung in Ihrem Dokument gesetzt haben.

Seitenzahlen beim Druck

Wie Sie im 3. Kapitel gesehen haben, können Sie Seitenzahlen in ein Dokument einfügen. Dabei können Sie auch festlegen, dass die Nummerierung nicht bei Eins beginnt. Word richtet sich bei Druckaufträgen nach den Seitenzahlen, die Sie bestimmt haben.

Wenn Sie beispielsweise festgelegt haben, dass die erste Seite Ihres Dokuments nicht mit der Seitenzahl eins, sondern mit drei beginnt, müssen Sie Folgendes beachten: Weisen Sie Word in diesem Fall an, die Seite drei auszudrucken, wird nicht etwa die dritte Seite des Dokuments, sondern die erste ausgedruckt, da diese ja die Seitenzahl drei trägt.

In der **Statuszeile** des Programmfensters können Sie diese Unterscheidung nachvollziehen.

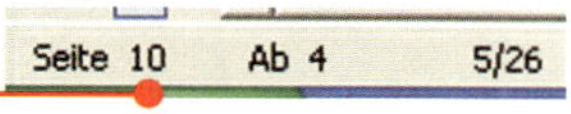

Die obige Abbildung besagt, dass sich die Einfügemarke momentan auf der fünften Seite eines 26 Seiten umfassenden Dokuments befindet. Die Seitenzahl lautet aber 10.

Mehrere Exemplare drucken

Die Anzahl der Exemplare, die Sie ausdrucken möchten, können Sie im Eingabefeld

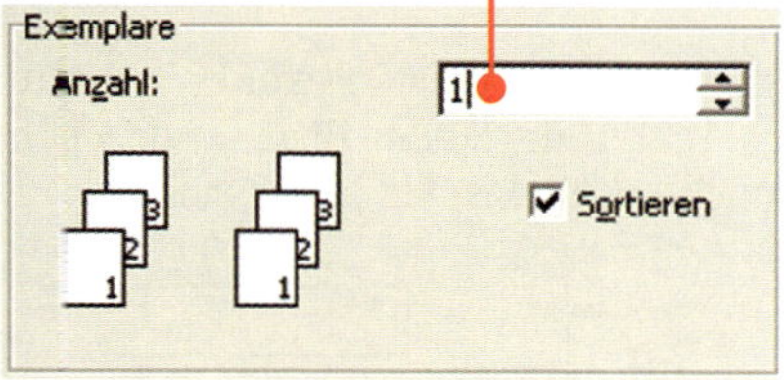

des Dialogfensters eintragen.

- Wenn sich ein Häkchen in dem Optionsfeld

befindet, werden die Ausdrucke sortiert. Alle Seiten eines Dokuments werden also hintereinander gedruckt, bevor das nächste Exemplar in Angriff genommen wird.

- Deaktivieren Sie die Sortierfunktion aber, indem Sie per Mausklick das Häkchen aus dem Optionsfeld entfernen,

wird die erste Seite in der gewünschten Anzahl nacheinander gedruckt. Anschließend folgt die zweite Seite mehrere Male und so weiter. In diesem Fall müssen Sie die Ausdrucke dann von Hand sortieren.

Beidseitiges Drucken

Auch wenn Sie nicht über einen Drucker verfügen, der sowohl Vorder- als auch Rückseite eines Blatt Papiers bedrucken kann, gibt es eine Möglichkeit, ein Dokument trotzdem beidseitig zu drucken:

1 Rufen Sie zunächst über

und

das Drucken-Dialogfenster auf, und klicken Sie im Bereich „Druckauswahl" auf den nach unten weisenden Pfeil .

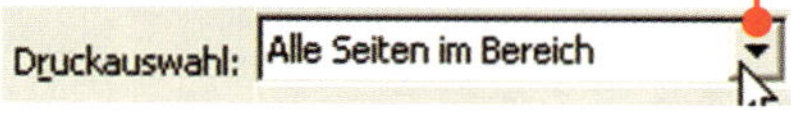

2 In der aufklappenden Liste wählen Sie die Option

und klicken anschließend auf

,

um den Ausdruck aller ungeraden Seiten zu starten

3 Nachdem alle ungeraden Seiten ausgedruckt sind, drehen Sie den Papierstapel um und legen ihn in den Papiereinzugsschacht Ihres Druckers.

4 Danach rufen Sie die Druckauswahl wieder auf, wählen dieses Mal aber die Option ●,

damit die geraden Seiten ausgedruckt werden.

→ Bevor Sie diese Aktion mit einem umfangreichen Dokument durchführen, sollten Sie zuerst mit einem Blatt testen, wie herum Sie das Papier in Schritt 3 der Anleitung wieder einlegen müssen, damit die Rückseite auch korrekt ausgedruckt wird. Langjährige Erfahrung hat gezeigt, dass von allen denkbaren Varianten die richtige leider meist erst zum Schluss gefunden wird.

Die Zoomfunktionen

Normalerweise werden Seiten in Originalgröße gedruckt. Haben Sie die Seiten Ihres Dokuments beispielsweise in einem kleineren Format als DIN-A4 eingerichtet, wie in Kapitel 3 beschrieben, und drucken dann auf DIN-A4-Papier aus, erscheint das Gedruckte etwa in der Form:

Liebe Filmfreunde!

Ein Rückblick auf das vergangene Jahrhundert ist immer auch eine Erinnerung an besondere Kino-Momente, an Spielfilme, die uns und die Art, wie wir die Welt sehen, beeinflusst haben, ja manchmal sogar zu einem Teil der Geschichte und unseres Lebens geworden sind. Für viele Filmfreunde, nicht nur jüngere, hat dabei ein Medium eine zunehmend wichtigere Rolle gespielt, das seit seiner Einführung vor gut 20 Jahren eine wechselvolle, dem Kino nicht unähnliche Entwicklung vom etwas suspekten Außenseiter zum

Word bietet Ihnen jedoch zwei Möglichkeiten, die Größenverhältnisse beim Druck zu verändern. Man bezeichnet diese Technik als Skalieren.

● Wenn Sie beispielsweise mehrere Seiten auf einem Blatt ausdrucken möchten, klicken Sie im Bereich

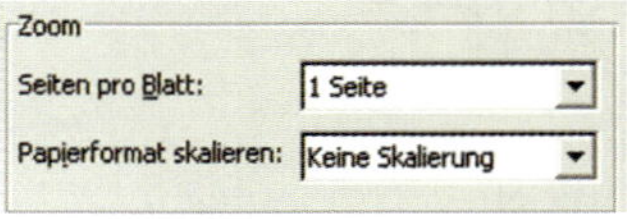

des Druck-Dialogfensters auf den kleinen Pfeil neben „Seiten pro Blatt“ ●.

Per Mausklick können Sie dann bestimmen, wie viele Seiten Sie auf einer Druckseite ausgeben wollen.

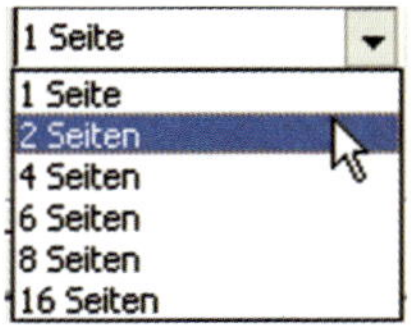

So sieht es beispielsweise aus, wenn zwei in DIN-A4 eingerichtete Seiten auf einem Blatt ausgedruckt werden:

Word rechnet die Seiten also maßstabsgetreu um, so dass mehrere Seiten auf einer Druckseite ausgegeben werden können. Darüber hinaus benutzt das Programm sinnvollerweise selbstständig das Querformat. Auf diese Weise können Sie Kosten sparend Probeausdrucke eines Dokuments vornehmen.

Die zweite Skaliermethode besteht darin, den Dokumentdruck auf das Papierformat auszurichten. Klicken Sie dazu auf den nach unten weisenden Pfeil.

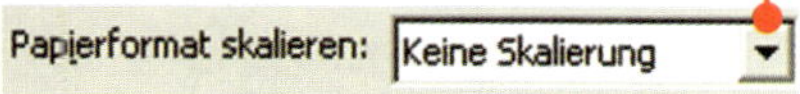

Wenn Sie nun in der geöffneten Liste zum Beispiel auf

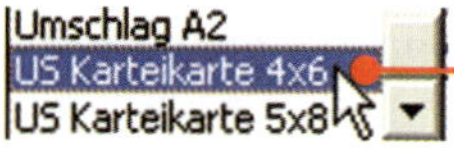

klicken, können Sie den Ausdruck einer DIN-A4-Seite auf eine Karteikarte veranlassen.

Felder aktualisieren

In Kapitel 3 wurde erläutert, wie Sie Datum und Uhrzeit in die Kopf- oder Fußzeilen eines Dokuments einfügen können. Wenn Sie möchten, dass diese Angaben beim Ausdruck automatisch aktualisiert werden, gehen Sie folgendermaßen vor:

1 Rufen Sie zunächst über

und

das Dialogfenster Drucken auf.

2 Dort klicken Sie dann auf

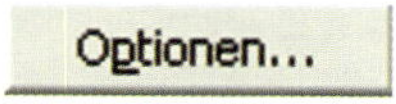

, woraufhin sich das folgende Fenster öffnet:

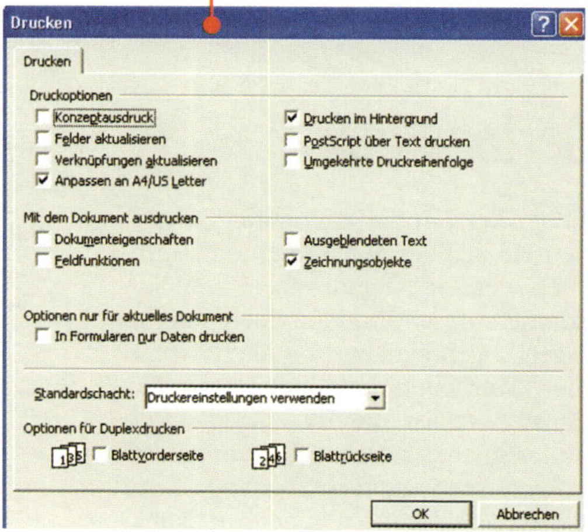

3 Im Bereich „Druckoptionen“

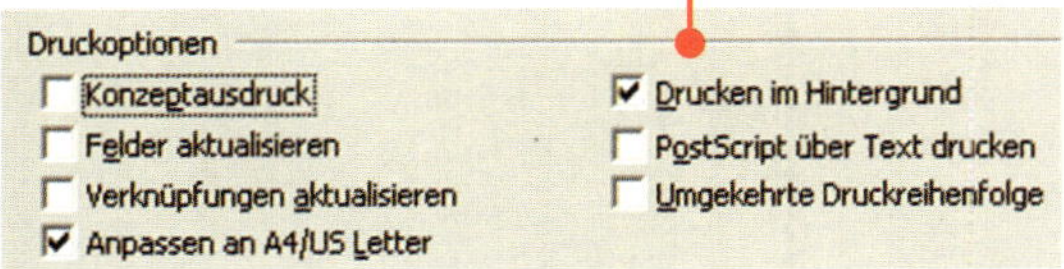

können Sie per Mausklick in das Kästchen

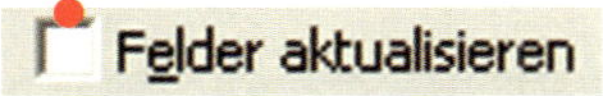

ein Häkchen setzen und auf diese Weise die Option aktivieren.

Diese Auswahl

bewirkt, dass Feldfunktionen wie Datum und Uhrzeit zum Druckzeitpunkt auf den aktuellen Stand gebracht werden.

4 Ein Klick auf

bestätigt Ihre Eingabe und schließt das Optionsfenster.

Seriendruck

Sicher kennen Sie Werbebriefe, in denen Sie ständig mit Namen angesprochen werden: „Gerade Sie, Herr Meier, könnten unser Produkt doch hervorragend gebrauchen …“ Auch wenn diese Werbebotschaften meist nur lästig sind, so ist die Technik, die sich hinter solchen persönlich anmutenden Briefen verbirgt, recht reizvoll. Word hat der so genannten Serienbrief-Funktion, mit der Sie auch Ihren Texten eine persönliche Note geben können, einen eigenen Aufgabenbereich gewidmet.

Stellen Sie sich vor, Sie wollen einige Freunde zu einem kleinen Umtrunk einladen. Um jeden Gast in der Einladung persönlich anzusprechen, sind folgende Schritte notwendig:

1 Falls der Aufgabenbereich noch nicht auf Ihrem Bildschirm angezeigt wird, klicken Sie auf

und dann auf

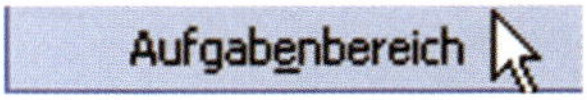

.

Klicken Sie dort auf den Pfeil im Kopfbereich ,

und wählen Sie schließlich

.

2 Belassen Sie es im oberen Bereich bei der Einstellung ,

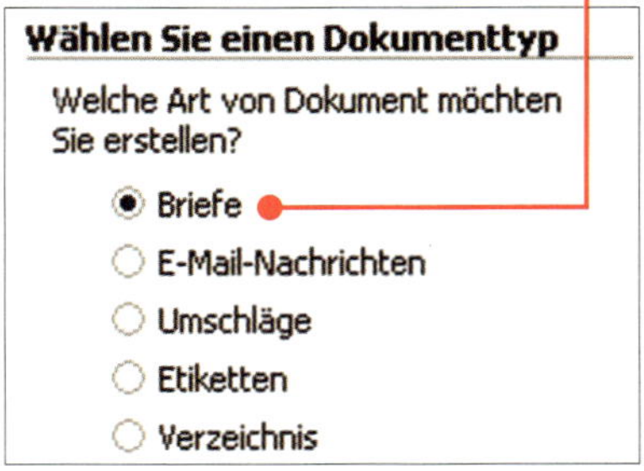

und klicken Sie unten im Aufgabenbereich auf

➡ Weiter:Dokument wird gestartet

.

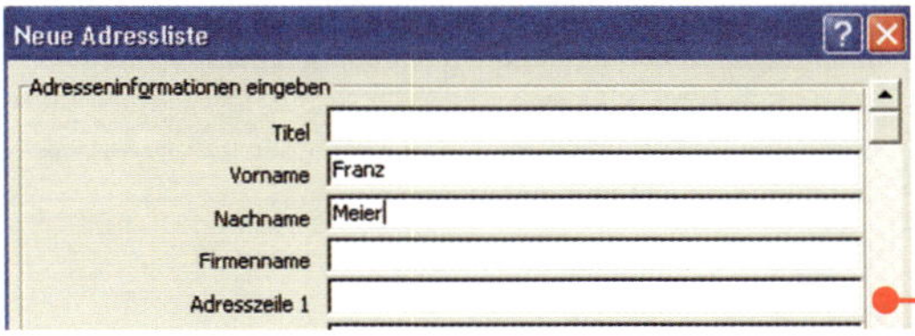

3 Auch die nächste Einstellung können Sie belassen, wie sie ist,

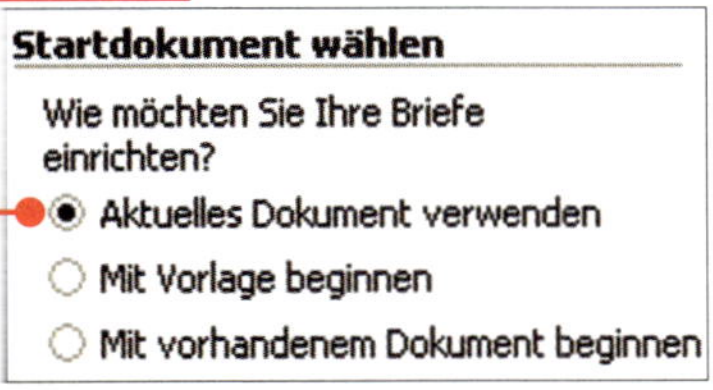

und gleich per Klick auf

fortfahren.

4 Im nachfolgenden Fenster legen Sie eine Empfängerliste an, indem Sie zuerst im Bereich

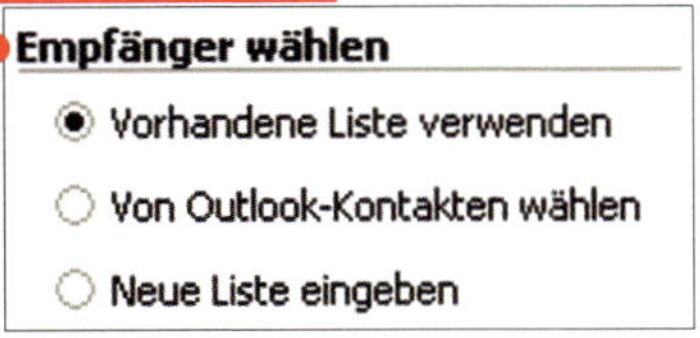

auf die Option

○ Neue Liste eingeben

klicken. Daraufhin wird direkt darunter ein neuer Befehlsbereich eingeblendet:

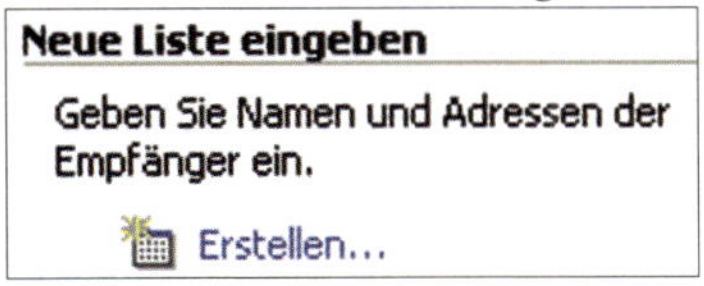

5 Wenn Sie hier auf den Eintrag

Erstellen...

klicken, erscheint eine Eingabemaske. Tippen Sie in diese Maske Namen und bei Bedarf weitere Daten ein.

Um die nächste Person zu erfassen, klicken Sie auf

Neuer Eintrag.

Nachdem Sie alle Freunde in die Adressliste eingetragen haben, klicken Sie auf Schließen.

6 Im **Dateimanager**-Fenster, das anschließend erscheint, belassen Sie es beim vorgeschlagenen Speicherordner

und geben Ihrer Liste einen Namen.

Ein Klick auf

Speichern

speichert dann Ihre Liste, die Sie in Zukunft auch für andere Einladungen nutzen können.

7 Zur Kontrolle werden Ihnen die Einträge noch einmal präsentiert.

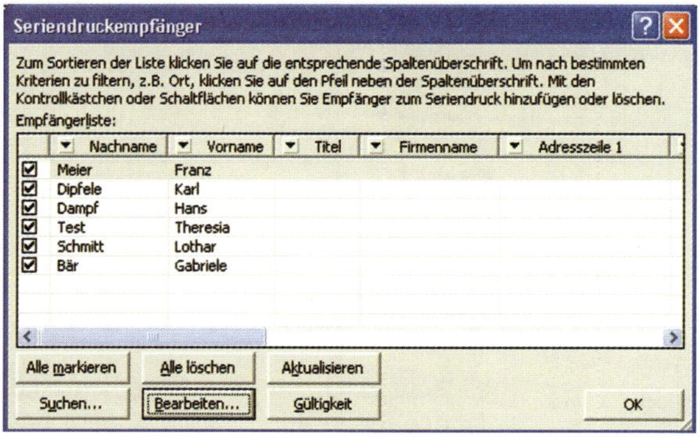

➔ Falls Sie das Häkchen im Auswahlkästchen vor einem Namen entfernen,

☐ Schmitt Lothar

ist diese Person zwar weiter in Ihrer kleinen Adress-**Datenbank** erfasst, wird aber im aktuellen Serienbrief nicht als Empfänger einbezogen.

➔ Zum Abschluss bestätigen Sie Ihre Angaben mit OK.

8 Gehen Sie dann zum nächsten Arbeitsschritt über, indem Sie im Aufgabenbereich auf

Schritt 3 von 6

Weiter:Schreiben Sie Ihren Brief

klicken.

9 Jetzt schreiben Sie Ihre eigentliche Einladung. Dabei tippen Sie ganz normal Ihren Text ein.

Einladung für|

10 Sowie sich die Einfügemarke an einer Stelle befindet, an der Sie einen Namen einsetzen wollen, klicken Sie im Aufgabenbereich

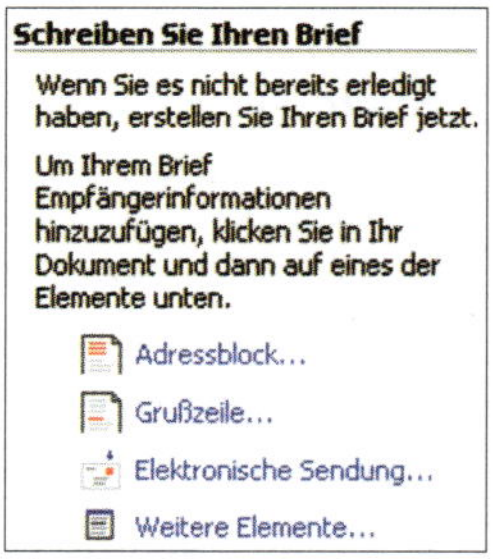

auf den Eintrag

Weitere Elemente...

.

Daraufhin werden alle verfügbaren Datenbankfelder aufgelistet.

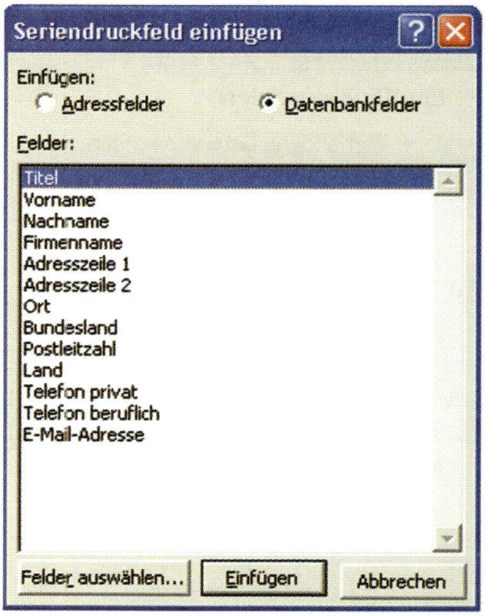

11 Markieren Sie das Feld, das Sie einfügen möchten,

Titel
Vorname
Nachname

und klicken Sie auf

Einfügen.

Im Text erscheint dann ein Platzhalter für dieses Datenfeld.

Einladung für «Vorname»

Anstelle dieses Platzhalters werden später in der gedruckten Einladung die Daten auftauchen, die Sie eingegeben haben.

12 Nachdem Sie Ihre Einladung fertiggestellt haben,

Einladung für «Vorname» «Nachname»

Hallo «Vorname»

Wir würden uns freuen, wenn Du nächste
kleinen Umtrunk bei uns vorbeikommen

klicken Sie im Aufgabenbereich auf .

Schritt 4 von 6
Weiter:Vorschau auf Ihre Briefe

13 Word zeigt nun eine Vorschau an. Im Dokumentenbereich sehen Sie, dass die Platzhalter durch die Datenbankeinträge ersetzt wurden.

Einladung für Franz Meier

Hallo Franz

Wir würden uns freuen, wenn Du
kleinen Umtrunk bei uns vorbeik

! Leerzeichen nicht vergessen!

Die Platzhalter für die Datenbankfelder behandeln Sie beim Verfassen Ihres Textes wie normale Wörter. Das bedeutet, dass Sie zwischen zwei Platzhalter

«Vorname» «Nachname»

auch ein Leerzeichen setzen müssen, damit das Ergebnis später nicht so aussieht: FranzMeier.

Auf Wunsch können Sie sich im Aufgabenbereich jeden einzelnen Brief anzeigen lassen, indem Sie auf die Pfeile links und rechts klicken.

<< Empfänger: 1 >>

14 Wenn mit Ihrem Brief alles in Ordnung ist, klicken Sie auf .

Schritt 5 von 6
Weiter:Seriendruck beenden

Mitunter stellen Sie aber auch fest, dass Sie noch Korrekturen vornehmen müssen. Dann können Sie sich ganz einfach durch die einzelnen Schritte „zurückklicken“.

Zurück: Schreiben Sie Ihren Brief

15 Im nächsten Schritt veranlassen Sie den Druck des Serienbriefs, indem Sie auf

Zusammenführen
Drucken...

klicken.

16 Belassen Sie es im nachfolgenden Dialogfenster bei der Einstellung

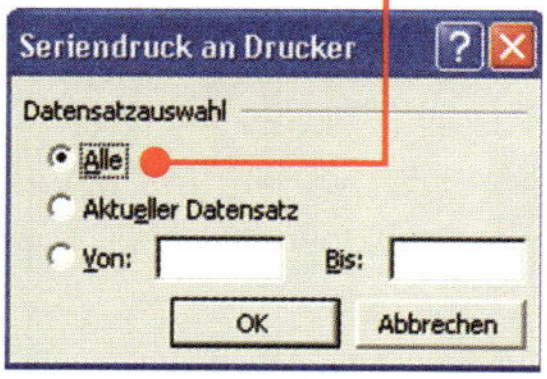

und bestätigen Sie das Fenster per Klick auf

.

17 Zum Schluss erhalten Sie noch die Möglichkeit, einen Drucker auszuwählen oder andere Druckoptionen zu verändern.

18 Ist auch das erledigt, klicken Sie auf

.

Der Drucker rattert los - und Sie können sich auf einen gemütlichen Abend mit Ihren Freunden einstellen.

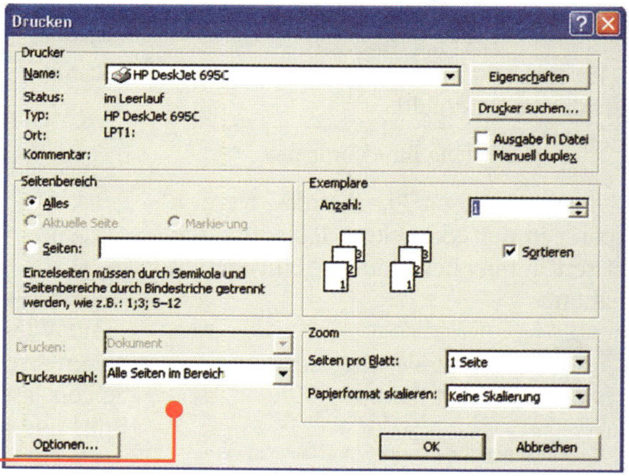

8 Mit Vorlagen und Assistenten schnell ans Ziel

Mit den vielfältigen Formatierungsmöglichkeiten, die Word bietet, können Sie ein Dokument bis ins kleinste Detail so gestalten, wie es Ihnen gefällt. Diese Gestaltung kann jedoch recht zeitaufwendig sein. Word stellt Ihnen daher mit den verschiedenen Vorlagen Hilfsmittel zur Verfügung, mit denen die Formatierung unkompliziert und schnell vonstatten geht. Für einige immer wieder benötigte Texte, wie etwa Briefe oder Memos, helfen Ihnen sogar Assistenten Schritt für Schritt auf dem Weg zum ansprechend und professionell gestalteten Ergebnis.

Im achten Kapitel dieses Buches erfahren Sie,

- wie Ihnen Vorlagen bei der Formatierung helfen,
- wie Sie einen Bericht mit einer Vorlage erstellen,
- wie Sie sich Tipparbeit durch eigene Vorlagen ersparen,
- und wie Sie Chef und Kollegen mit einem ansprechend gestalteten Memo beeindrucken.

Kapitel-Wegweiser

Dokumentvorlagen 110
Standardvorlage 110
Noch mehr Vorlagen 112
Eigene Dokumentvorlagen 115
Absatzformatvorlagen ändern 116
Dokumente mit Assistenten erstellen 118

Dokumentvorlagen

Jedes Dokument, das Sie mit Word erstellen, basiert auf einer Dokumentvorlage.

Standardvorlage

Die grundlegende Vorlage, die Sie bisher schon angewendet haben, ohne sich dessen bewusst zu sein, nennt man „Normal.dot“. Die Dateinamenserweiterung „.dot“ bezeichnet Dokumentenvorlagen in Word. Grundlegende Seiteninformationen sind in dieser Standardvorlage gespeichert und werden automatisch auf Ihr neues Dokument angewendet. Dazu gehören zum Beispiel Seitengröße und Seitenränder. Zusätzlich sind mit jeder Dokumentenvorlage Absatzformatvorlagen verbunden. Im folgenden Beispiel wird die Anwendung dieser Absatzformatvorlagen erläutert.

1 Klicken Sie zunächst in der Menüleiste auf

und dann auf

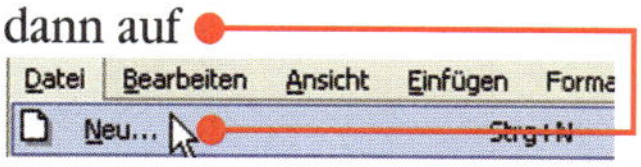

Daraufhin wird der Aufgabenbereich

eingeblendet.

2 Um ein neues leeres Dokument zu erstellen, klicken Sie hier auf

3 Schreiben Sie zum Test einen kleinen Text mit einigen Absätzen.

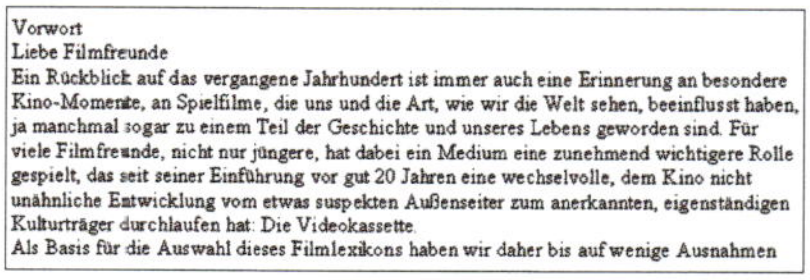

Vorwort
Liebe Filmfreunde
Ein Rückblick auf das vergangene Jahrhundert ist immer auch eine Erinnerung an besondere Kino-Momente, an Spielfilme, die uns und die Art, wie wir die Welt sehen, beeinflusst haben, ja manchmal sogar zu einem Teil der Geschichte und unseres Lebens geworden sind. Für viele Filmfreunde, nicht nur jüngere, hat dabei ein Medium eine zunehmend wichtigere Rolle gespielt, das seit seiner Einführung vor gut 20 Jahren eine wechselvolle, dem Kino nicht unähnliche Entwicklung vom etwas suspekten Außenseiter zum anerkannten, eigenständigen Kulturträger durchlaufen hat: Die Videokassette.
Als Basis für die Auswahl dieses Filmlexikons haben wir daher bis auf wenige Ausnahmen

→ Damit Sie die Wirkungsweise von Absatzformatierungen deutlicher erkennen können, lassen Sie sich die nicht druckbaren Zeichen anzeigen, indem Sie in der Symbolleiste auf

klicken. Anschließend sehen Sie sofort, wo Sie Absatzschaltungen gesetzt haben.

4 Setzen Sie die Einfügemarke irgendwo in den ersten Absatz. Die Einfügemarke kann sich auch ruhig in einem Wort befinden wie im Beispielbild:

5 Danach klicken Sie in der Formatierungs-Symbolleiste auf den kleinen Pfeil neben den Absatzformatvorlagen.

Dadurch wird ein Auswahlfenster geöffnet.

6 Klicken Sie in diesem Auswahlfenster mit der Maus auf den Eintrag

.

Folge: Der Absatz, der die Einfügemarke enthält, wird mit der Absatzformatvorlage „Überschrift 1“ formatiert.

7 Positionieren Sie die Einfügemarke im nächsten Absatz, und wiederholen Sie die Schritte 5 und 6, klicken Sie aber im Auswahlfenster von Schritt 5 auf

.

Der nächste Absatz stellt sich dann so dar:

Als Ganzes könnte Ihr Text in etwa folgendermaßen aussehen:

8 Falls Word den Aufgabenbereich inzwischen wieder ausgeblendet hat, klicken Sie auf

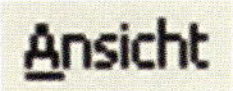

und dann auf

.

9 Im Kopf des Aufgabenbereichs klicken Sie nun auf den Pfeil

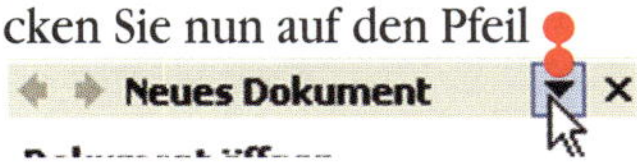

und in der sich öffnenden Liste auf

.

Jetzt sehen Sie den Aufgabenbereich, der für die Formatvorlagen zuständig ist.

10 Dass sich die Einfügemarke gerade in einem Absatz befindet, der mit der Formatvorlage „Überschrift 2“ formatiert wurde, können Sie im Bereich

erkennen. Weiter unten im Aufgabenbereich werden alle Formatvorlagen aufgelistet, die mit der Standarddokumentvorlage verbunden sind.

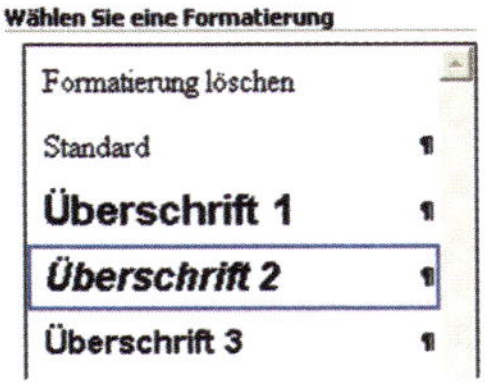

Unterschied zwischen Zeichen- und Absatzformatierung

Wenn Sie Formatvorlagen verwenden, müssen Sie wissen, dass Sie Text nicht in einer bestimmten Schriftart **formatieren**, sondern mit einer Vorlage. Diese Vorlage ist wiederum definiert durch eine bestimmte Schriftart, Schriftgröße und andere Merkmale. Ändern Sie also diese Vorlage, werden automatisch alle Absätze, die damit formatiert wurden, entsprechend angepasst. Wie Sie Vorlagen ändern, erfahren Sie später in diesem Kapitel.

Diejenige, in der sich die Einfügemarke befindet, ist mit einem blauen Rahmen hervorgehoben.

11 Wenn Sie den Mauszeiger über eine der Vorlagen führen und einen Augenblick verweilen, wird eine kurze Information eingeblendet, wie die betreffende Absatzformatvorlage definiert ist.

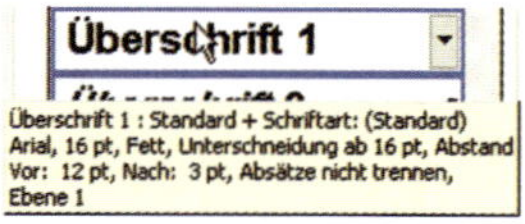

12 Die im Aufgabenbereich angezeigten Formatvorlagen können Sie auch nutzen, um Text zu formatieren. Im Beispiel befindet sich die Einfügemarke in einem Absatz, der mit der „Überschrift 2“ formatiert wurde.

Klicken Sie in der Vorlagenauswahl nun auf den Eintrag

wird dieser Text in der Standardschrift dargestellt. Oder anders ausgedrückt: Er wird mit der Absatzformatvorlage „Standard“ formatiert.

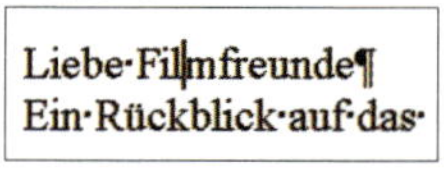

Entsprechend ist die Vorlage im Aufgabenbereich jetzt blau umrandet.

Auf diese Weise können Sie auch umfangreiche Dokumente schnell und ohne Menüklicks formatieren.

Noch mehr Vorlagen

Außer der Basis-Dokumentvorlage „Normal.dot“ werden mit Word noch zahlreiche andere ausgefeilte Dokumentvorlagen geliefert.

1 Klicken Sie zunächst im Kopf des derzeit angezeigten Aufgabenbereichs auf den Pfeil

und in der Auswahl auf

.

2 Um Zugriff auf die mitgelieferten Dokumentvorlagen zu erhalten, klicken Sie im Bereich

auf den Eintrag

.

3 Daraufhin öffnet sich ein Fenster mit mehreren Registern, in denen die Vorlagen thematisch einsortiert sind.

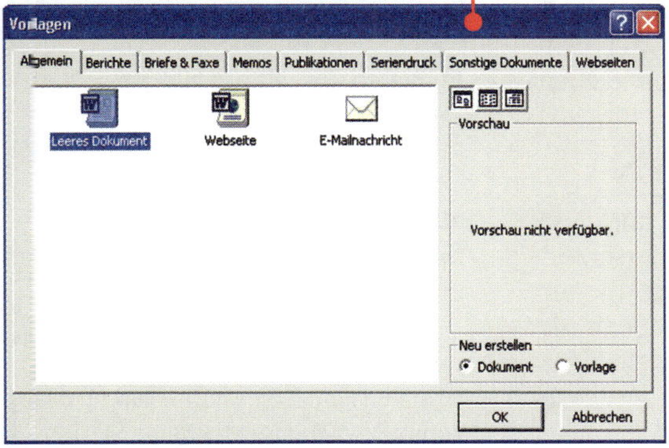

Wenn Sie beispielsweise auf den Registerreiter

klicken, bekommen Sie Vorlagen angezeigt, die sich besonders gut zur Berichtsgestaltung eignen.

4 Klicken Sie zum Beispiel auf das Symbol

, um eine Markierung zu setzen.

Im Vorschaufenster erhalten Sie schon einen ungefähren Eindruck vom Vorlagen-Design.

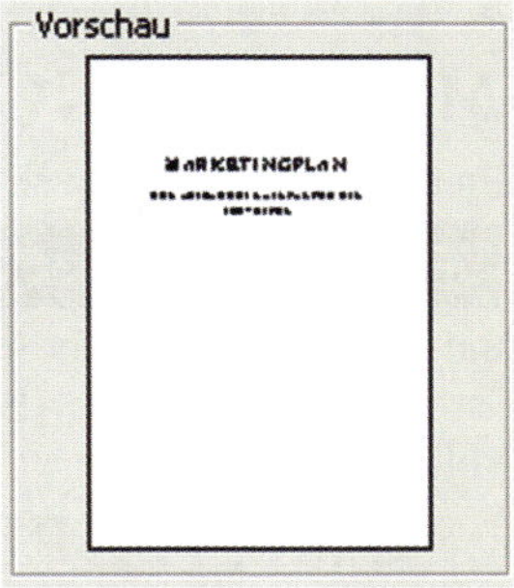

5 Sobald Sie Ihre Auswahl mit einem Klick auf

bestätigen, erscheint ein Dokument mit Platzhaltertexten auf Ihrem Bildschirm.

6 Klicken Sie in den Kopfbereich des Dokuments,

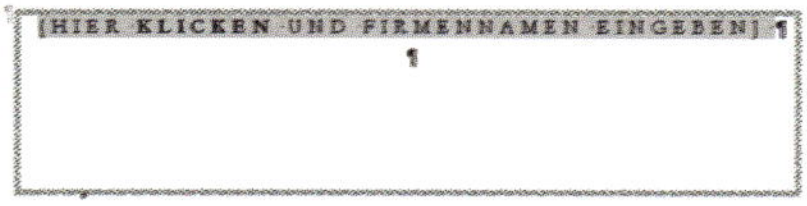

und tippen Sie Ihren Firmen- oder Eigennamen ein.

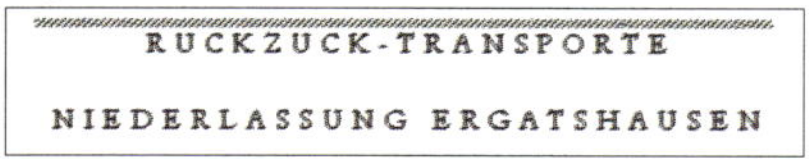

7 Anschließend klicken Sie doppelt auf den Platzhaltertext,

um eine Markierung zu setzen,

und überschreiben das Wort mit dem Namen, den Sie Ihrem Bericht geben wollen.

Nach und nach können Sie auf diese Weise die Platzhaltertexte ersetzen, oder auch Bereiche und Texte, die Sie nicht benötigen, löschen, indem Sie nach der Markierung die [Entf]-Taste drücken.

8 In der Formatierungs-Symbolleiste können Sie die jeweilige Bezeichnung der Absatzformatvorlage, die gerade markiert ist oder in der sich die Einfügemarke befindet, erkennen.

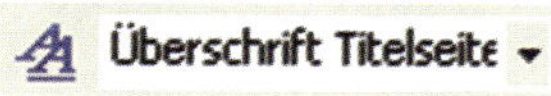

Möchten Sie eine Textstelle anders formatieren, klicken Sie auf den Pfeil, um die Auswahl zu öffnen, und dann auf die gewünschte Formatvorlage.

9 Sie können natürlich auch den Aufgabenbereich Formatierung verwenden, um Ihren Bericht zu gestalten. Experimentieren Sie ruhig nach Herzenslust mit den verschiedenen Absatz- und Zeichenformatvorlagen. Ihre Vorlage bleibt davon unberührt, da Sie ja lediglich ein Dokument und nicht die Vorlage selbst bearbeiten.

! Zeichenformatvorlagen

In so ausgefeilten Dokumentvorlagen wie dieser Berichtsvorlage finden Sie nicht nur Absatzformatvorlagen, sondern auch definierte Zeichenformatvorlagen. Absatzformatvorlagen, die Sie an dem Absatzzeichen hinter der Bezeichnung erkennen,

bewirken immer eine Formatierung des kompletten Absatzes. Wenn Sie hingegen Zeichenformatvorlagen anwenden, die durch ein hinten angefügtes

erkennbar sind, wird nur der markierte Bereich, bei dem es sich um ein einzelnes Wort handeln kann (und lediglich als Sonderfall um einen kompletten Absatz), entsprechend formatiert.

Eigene Dokumentvorlagen

Stellen Sie sich vor, den Bericht, den Sie im vorigen Abschnitt geschrieben haben, müssen Sie jeden Monat erstellen. Alleine das Ändern der Titelseite nimmt dann jedes Mal einige Minuten in Anspruch. Sie können sich diese Arbeit aber ersparen, wenn Sie sich eine eigene Dokumentvorlage für Ihre Berichte anlegen.

1 Löschen Sie alles außer der Titelseite, die bei allen Berichten identisch sein soll, aus Ihrem Dokument.

RUCKZUCK-TRANSPORTE
NIEDERLASSUNG ERGATSHAUSEN
UMSATZPLAN
MONATLICHE ANPASSUNG

2 Klicken Sie dann in der Menüleiste auf den Eintrag

und im aufklappenden Menü auf

.

3 Im Dateimanager-Fenster, das sich daraufhin öffnet, geben Sie Ihrer Vorlage zunächst einen Namen.

4 Anschließend klicken Sie auf den Pfeil neben dem Eingabefeld „Dateityp“

und wählen im ein Auswahlfenster

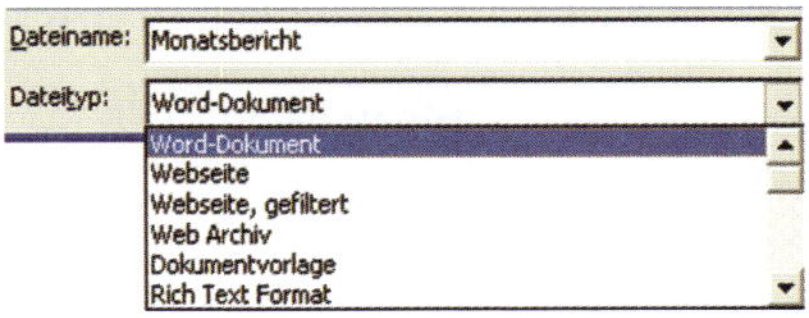

per Mausklick den Eintrag .

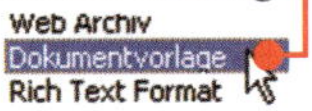

5 Der Dateimanager wechselt daraufhin automatisch zum Ordner .

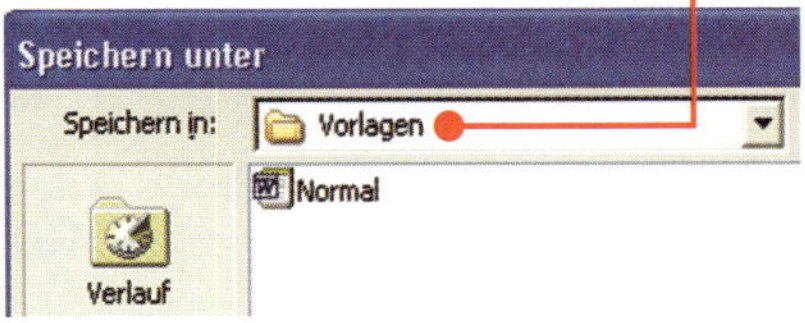

Bestätigen Sie diesen Vorschlag, indem Sie auf

klicken.

6 Um Ihre Vorlage zu testen, rufen Sie nun den Aufgabenbereich

auf und klicken im Bereich

auf den Eintrag

.

Word öffnet dann das Register-Fenster „Vorlagen“.

7 Nach einem Klick auf den Registerreiter

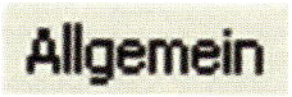

wird das Register angezeigt, in dem Vorlagen, die Sie selbst erstellen, gespeichert werden.

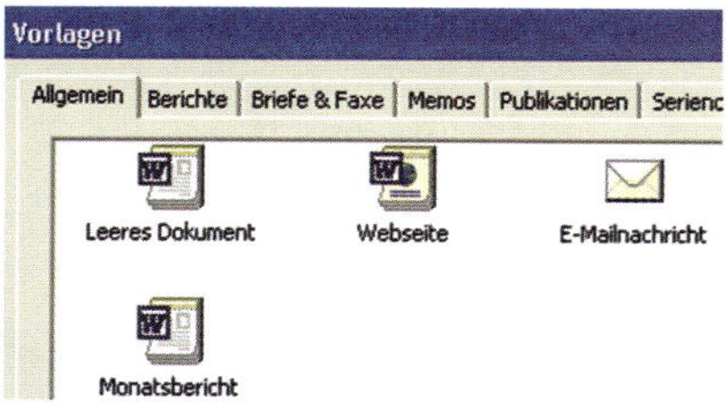

8 Klicken Sie auf das Symbol, das den Namen der von Ihnen erstellten Vorlage trägt,

und vergewissern Sie sich im Vorschaufenster, dass es sich um die richtige Vorlage handelt

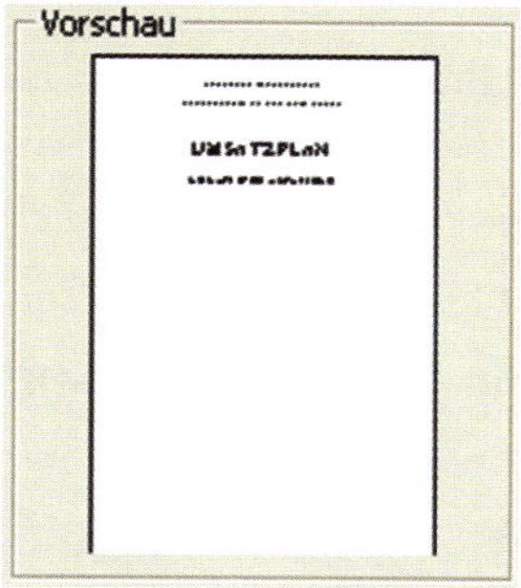

9 Wenn Sie Ihre Wahl dann mit

bestätigen, wird ein neues Dokument geladen, das auf der Dokumentvorlage basiert, die Sie eben angelegt haben.

RUCKZUCK-TRANSPORTE

NIEDERLASSUNG ERGATSHAUSEN

UMSATZPLAN

MONATLICHE ANPASSUNG

Alle Absatzformatvorlagen, die in der ursprünglichen Dokumentvorlage „Eleganter Bericht“ enthalten waren, stehen Ihnen jetzt in diesem Dokument ebenso zur Verfügung.

Absatzformatvorlagen ändern

Auch die Absatzformatvorlagen, die mit Ihrer Dokumentvorlage verbunden sind, können Sie bearbeiten.

1 Lassen Sie sich den Aufgabenbereich Formatvorlagen anzeigen.

2 Führen Sie den Mauszeiger über eine Absatzformatvorlage, die Sie ändern möchten,

und klicken Sie auf den nach unten weisenden Pfeil. Im Menü, das daraufhin erscheint,

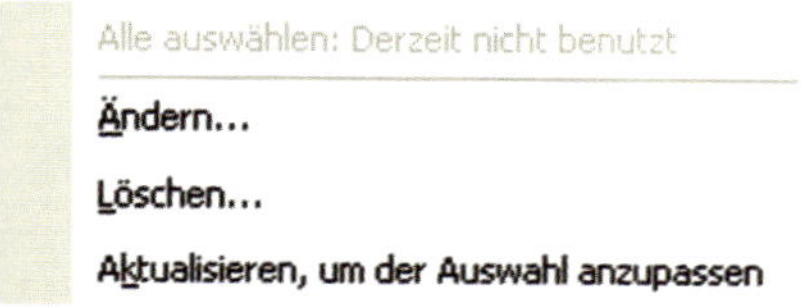

klicken Sie auf

.

3 Anschließend wird ein Dialogfenster angezeigt, in dem Sie die Formatvorlage nach Ihren Wünschen ändern können.

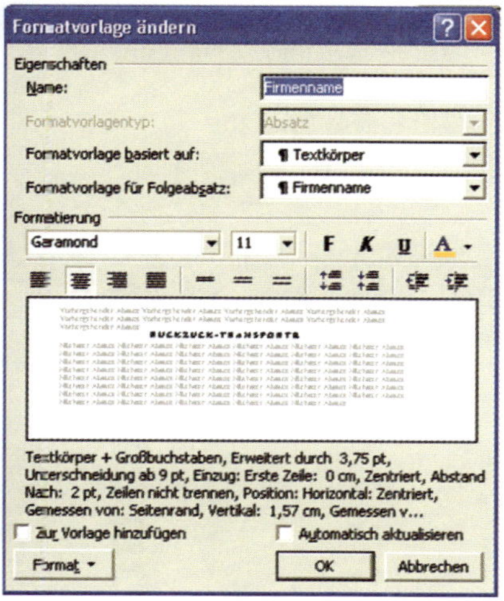

→ Die am häufigsten benötigten Einstellungen erreichen Sie über Symbole:

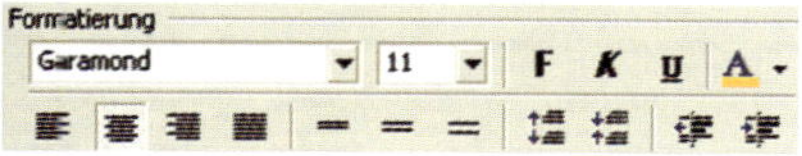

→ Wenn Sie vollständigen Zugriff auf alle Formatierungen haben möchten, nutzen Sie die Schaltfläche

.

Per Mausklick auf diese Schaltfläche wird ein Menü geöffnet,

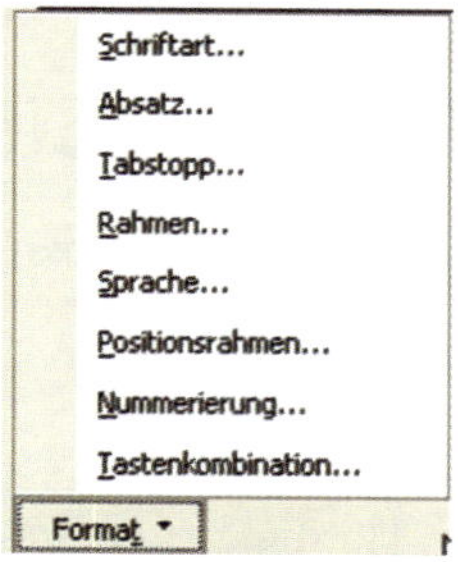

in dem Sie sich bis zum gewünschten Dialogfenster durchklicken können.

4 Im vorliegenden Beispiel ändern Sie lediglich die Schriftgröße, indem Sie auf den Pfeil ● klicken

und dann den neuen Schriftgrad auswählen.

5 Falls Sie die Absatzformatvorlage, die Sie bearbeiten, nur für das aktuelle Dokument ändern wollen, klicken Sie jetzt auf

.

6 Möchten Sie dagegen die Vorlage generell ändern, aktivieren Sie zuvor die Option

.

Dadurch werden alle künftigen Dokumente, die Sie mit Ihrer Vorlage öffnen, auf der geänderten Version der Absatzformatvorlage basieren.

Dokumente mit Assistenten erstellen

Noch einfacher als mit Dokumentvorlagen kommen Sie mit **Assistenten** zu gelungenen Dokumenten.

1 Um beispielsweise ein Memo zu erstellen, klicken Sie im Aufgabenbereich

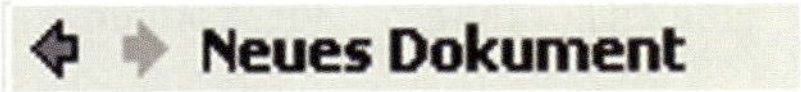

auf

.

2 Im nachfolgenden Dialogfenster klicken Sie als Erstes auf den Registerreiter

, markieren dann den Eintrag

und klicken schließlich auf

.

Dadurch starten Sie den Assistenten.

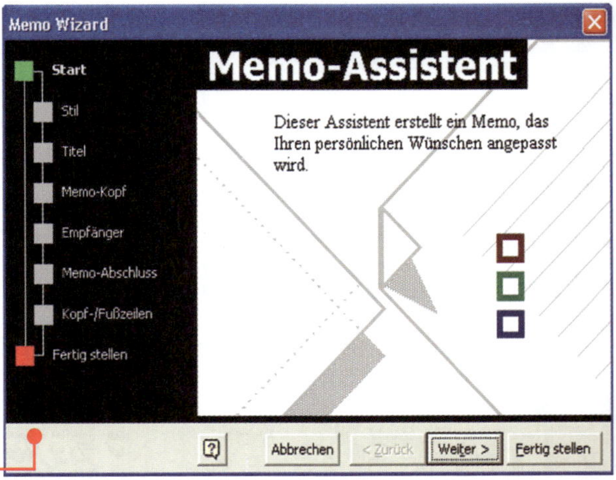

Im linken Teil des Fensters sehen Sie die Einzelschritte, die der Assistent nach und nach abarbeiten wird.

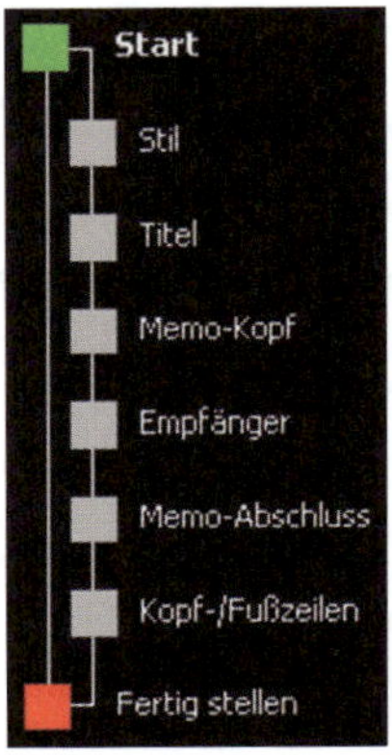

Der aktuelle Schritt ist dabei immer am grünen Quadrat zu erkennen.

3 Mit einem Klick auf

verlassen Sie den Begrüßungsbildschirm und gelangen zur Stil-Auswahl.

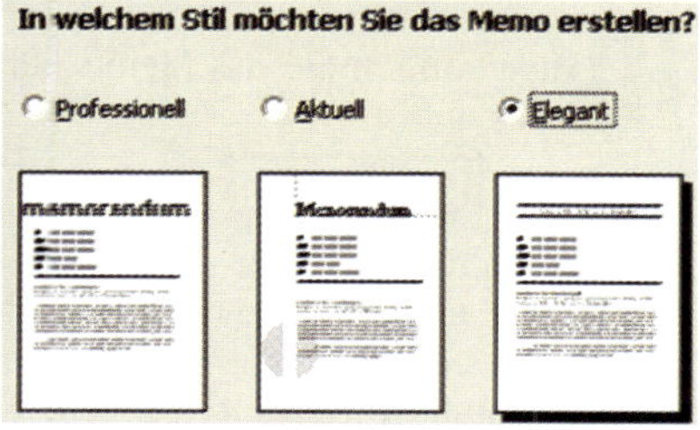

Entscheiden Sie sich per Mausklick für eine der drei Stilrichtungen.

4 Danach klicken Sie wieder auf

, um im nächsten Schritt einen Titel festzulegen.

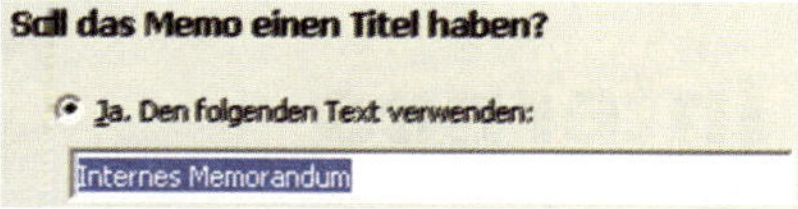

Sie können es beim vorgeschlagenen Titel belassen oder Ihre eigene Überschrift vergeben, indem Sie den Text einfach überschreiben. Danach klicken Sie erneut auf

.

5 Legen Sie nun den Kopfbereich des Memos fest. Die Elemente, die mit einem Häkchen versehen sind,

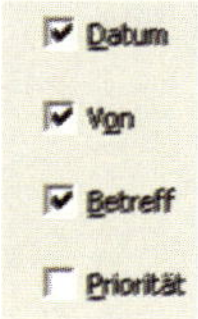

werden im fertigen Dokument als eigene Zeilen angezeigt. Word hilft Ihnen sogar beim Ausfüllen, indem schon automatisch das Tagesdatum sowie der Benutzername, den Sie verwenden,

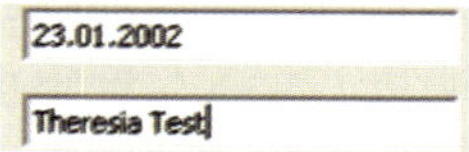

eingetragen sind. Bei Bedarf können Sie die vorgegebenen Werte natürlich einfach überschreiben. Wenn Sie fertig sind, klicken Sie auf

.

6 Tragen Sie im nächsten Fenster den oder die Adressaten Ihres Memos ein.

Das Feld

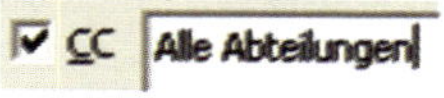

ist für Empfänger von Kopien Ihres Memos reserviert, also für Leute, die zwar über Ihr Schriftstück informiert sein sollen, aber nicht als eigentliche Adressaten gedacht sind.

7 Falls Sie Ihr Memo an viele Personen gehen soll, können Sie bestimmen, dass der Verteiler auf einer eigenen Seite platziert wird. Wählen Sie in diesem Fall die entsprechende Option per Mausklick aus.

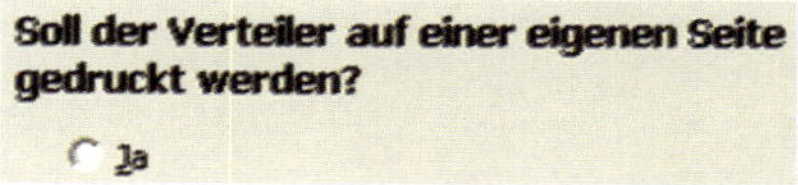

Nachdem Sie alle Eintragungen vorgenommen haben, klicken Sie ein weiteres Mal auf

.

8 In der folgenden Eingabemaske, in der Sie den Memo-Schluss gestalten können,

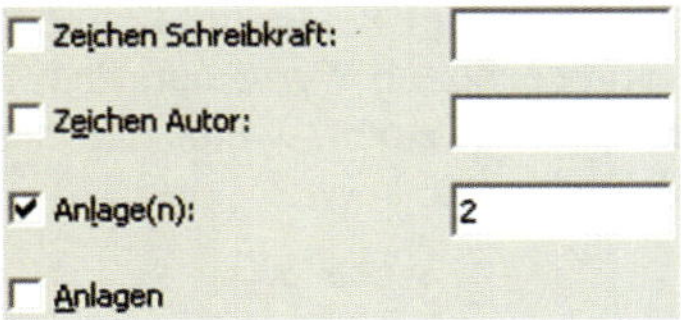

geben Sie beispielsweise an, wie viele Anlagen Sie mit dem Memo verteilen.

9 Anschließend klicken Sie wieder auf

, um Kopfzeilen

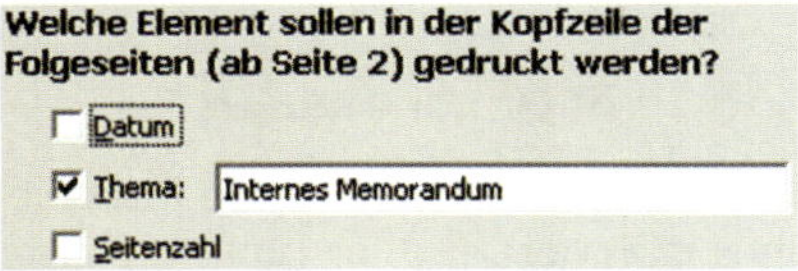

und Fußzeilen

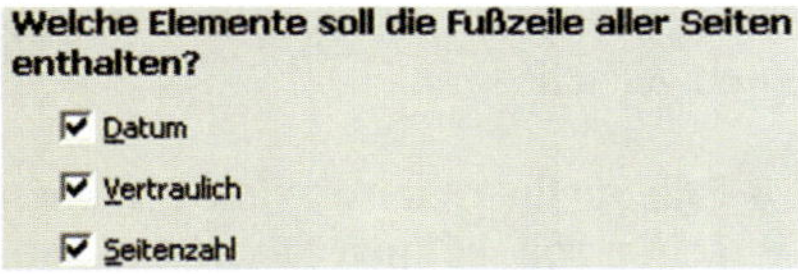

zu gestalten. Ein Klick auf

bringt Sie schließlich zum Schlussbildschirm.

10 Hier können Sie das Memo per Klick auf

anlegen lassen.

Wollen Sie eine Eingabe noch einmal überprüfen oder korrigieren, können Sie sich durch Klicks auf die Schaltfläche

durch die Fenster zurückbewegen.

11 Der Assistent hat Ihre Angaben verarbeitet und zeigt sie entsprechend platziert auf dem neuen Dokument an.

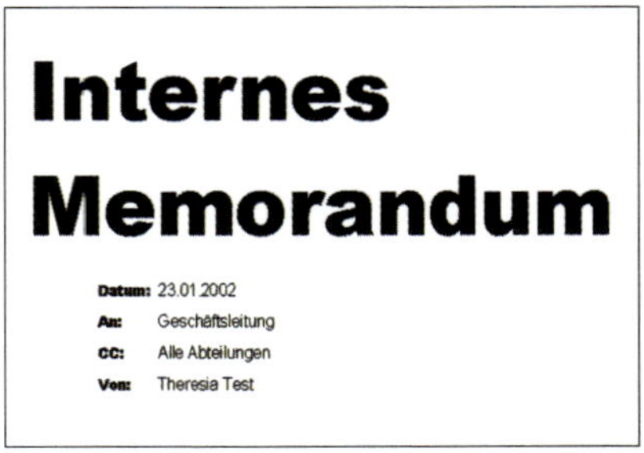

Nun brauchen Sie nur noch in den Platzhaltertext

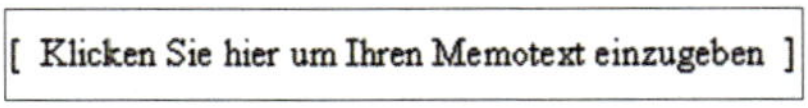

zu klicken, um mit dem Schreiben Ihrer Mitteilung loszulegen.

Was ist eigentlich ...

Absatzformatierung

Unter Absatzformatierung versteht man die optische Gestaltung eines ganzen Absatzes. Einzelne Absätze sind durch Absatzschaltungen, die mit der [↵]-Taste erzeugt werden, voneinander getrennt.

Assistenten

Assistenten sind elektronische Helfer, die Sie Schritt für Schritt durch komplexe Arbeitsvorgänge führen. Im Kapitel 8 ist beispielhaft beschrieben, wie Sie mit Hilfe eines Assistenten ein Memo erstellen können.

Aufgabenbereich

Word kennt acht verschiedene Aufgabenbereiche:

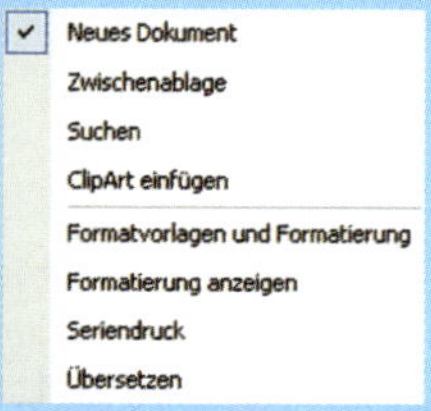

Jeder dieser Aufgabenbereiche bietet zu seinem Thema eine Zusammenstellung häufig benötigter Befehle.

CD-ROM

„CD" steht für „Compact Disc" und „ROM" für „Read Only Memory". Das bedeutet, die Daten auf den silbernen Scheiben können vom Computer lediglich gelesen werden. Ein CD-ROM-Laufwerk spielt normalerweise auch Musik-CDs ab, für das Abspielen von DVDs benötigen Sie allerdings ein → **DVD**-Laufwerk.

Was ist eigentlich ...

Datei

Alle Daten, mit denen Ihr Computer arbeitet, sind in Dateien erfasst. So bestehen Programme oft aus Tausenden von Dateien. Wenn Sie ein Dokument speichern, legen Sie ebenfalls eine neue Datei an. Um nicht in einer unübersichtlichen Flut von Dateien unterzugehen, können Sie Dateien in → **Ordnern** zusammenfassen.

Dateimanager

Als Dateimanager bezeichnet man ein Arbeitsfenster, über das Sie Zugriff auf die Ordner- und Dateistruktur Ihres Computers erhalten.

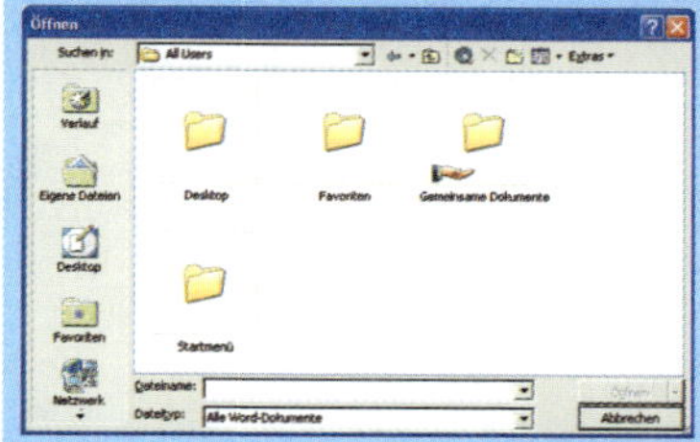

Datenbank

Eine Datenbank ist das digitale Gegenstück zum guten alten Karteikasten. Dabei entspricht eine Karteikarte einem Datensatz.

Doppelklick

Ein Doppelklick bedeutet nichts anderes, als dass Sie zwei Mal ganz kurz hintereinander die linke Maustaste drücken.

DVD

DVD ist eine Abkürzung für „Digital Versatile Disc". Optisch unterscheidet sich eine

Was ist eigentlich ...

DVD nicht von einer Musik- oder Daten-CD. Sie fasst aber eine viel größere Datenmenge. Um auf die Daten einer DVD zugreifen zu können, benötigen Sie ein DVD-Laufwerk. In einem DVD-Laufwerk können Sie aber auch herkömmliche CDs abspielen.

Einfügemarke

Die Einfügemarke, zu erkennen als senkrechter blinkender Strich, gibt an, wo Ihre nächste Eingabe erfolgt. Sie können die Einfügemarke mit Hilfe der Richtungstasten, mit der Maus oder auch in manchen Fällen mit der Tabulatortaste positionieren. Die Einfügemarke wird oft auch als Cursor bezeichnet.

Excel

Excel ist ein → **Tabellenkalkulationsprogramm**, das im Office-Paket von Microsoft enthalten ist, aber auch als Einzelprogramm separat erworben werden kann.

Festplatte

Die Festplatte ist der zentrale Datenträger Ihres Computers. Auf der Festplatte befinden sich die Betriebssystem- und die Programm-Dateien. Im Normalfall speichern auch Sie Ihre Dateien auf der Festplatte.
In den allermeisten Fällen ist der Festplatte der Laufwerksbuchstabe „C" zugeordnet. Sehr große Festplatten werden oft unterteilt in verschiedene logische Laufwerke. Das bedeutet: Konkret ist zwar nur eine Festplatte in Ihrem Computer eingebaut, das Betriebssystem verwaltet aber zwei oder mehr Bereiche auf dieser Festplatte, als wären es

Was ist eigentlich ...

verschiedene Bauteile. Im Arbeitsplatzfenster sieht das dann beispielsweise so aus:

Formatierung

Die Gestaltung von Dokumenten, einzelnen Zeichen oder Absätzen bezeichnet man als Formatierung. Das Kapitel 3 dieses Buches beschäftigt sich ausschließlich mit Formatierungstechniken. Dummerweise hat der Begriff Formatierung im Computer-Fachvokabular noch eine zweite Bedeutung. Man bezeichnet damit auch den technischen Vorgang, Datenträger (beispielsweise eine Diskette) für die Datenaufnahme vorzubereiten.

Hyperlink

In der Regel spricht man nicht von Hyperlinks, sondern verkürzt von Links. Damit sind die Querverweise gemeint, die den Surfer von einer Web-Seite zur nächsten bringen.

Internet

Das Internet ist die Bezeichnung für die weltweite Vernetzung von Computern via Daten- und Telefonkabeln. Insofern stellt es einen Oberbegriff für die verschiedenen Kommunikationsdienste wie E-Mail, World Wide Web, Usenet usw. dar. Oft wird die Bezeichnung Internet etwas nachlässig und ungenau nur für das World Wide Web, also die Gesamtheit der Websites, verwendet.

Was ist eigentlich ...

Klicken

Beim Klicken drücken Sie ein Mal kurz die Maustaste. Wird nicht ausdrücklich etwas anderes erwähnt, bezieht sich das auf die linke Maustaste. Weitere Maustechniken sind der → **Rechtsklick**, der → **Doppelklick** und das → **Ziehen**.

Kontextmenü

Word erkennt meist, welche Arbeitsschritte Sie gerade durchführen und welche Befehle Sie in diesem Zusammenhang, also Kontext vermutlich brauchen. Meist genügt ein Rechtsklick auf ein Wort oder eine Markierung, um die Zusammenstellung dieser Befehle, eben das Kontextmenü, aufzurufen.

Layout-Ansicht

Häufig verwendete Kurzbezeichnung für Seitenlayout-Ansicht, also die Darstellungsform, in der Sie Ihr Dokument so sehen, wie es ausgedruckt erscheinen würde.

Markierung

Mit einer Markierung teilen Sie Word mit, auf welche Stelle die nächste Aktion, die Sie durchführen wollen, angewendet werden soll. Die Techniken, die Ihnen zur Verfügung stehen, um eine Markierung zu setzen, werden ausführlich im Kapitel 3 geschildert.

Mausklick

Wenn es nicht ausdrücklich anders erwähnt wird, versteht man unter einem Mausklick immer ein kurzes Drücken der linken Maustaste.

Was ist eigentlich ...

Menüleiste

Über die Menüleiste, die sich oben im Programmfenster direkt unter der Titelleiste befindet,

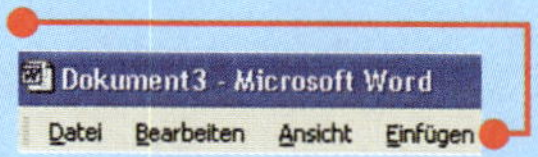

können Sie auf den kompletten Befehls- und Funktionsumfang von Word zugreifen. Wenn Sie einen der Einträge anklicken, öffnet sich das eigentliche Menü.

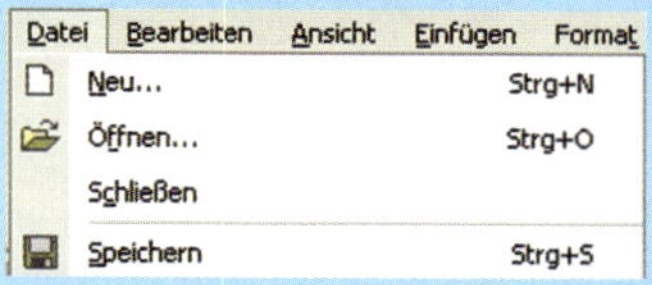

Normalansicht

Die Normalansicht ist die Darstellungsform Ihres Dokuments, in der Sie am besten Texte erfassen. Dagegen führen Sie Gestaltungsarbeiten am besten in der → **Seitenlayout-Ansicht** durch.

Ordner

Dateien können Sie in Ordner zusammenfassen, gerade so wie Sie auch Briefe und Dokumente nicht einfach auf einem großen Haufen auf Ihrem Schreibtisch herumliegen lassen, sondern in Ordner einheften. Ordner erkennen Sie an folgendem Symbol:

Peripheriegeräte

Als Peripheriegeräte werden Geräte bezeichnet, die Sie an Ihren Computer anschließen

Was ist eigentlich ...

können, wie beispielsweise Drucker oder Scanner.

Rechtsklick

Rechtsklick bedeutet ein kurzes Drücken der rechten Maustaste. Mit Rechtsklicks werden beispielsweise oft ➔ **Kontextmenüs** aufgerufen.

Register

Häufig sind Einstellmöglichkeiten und Optionen in Registern thematisch zusammengefasst. Sie sehen wie hintereinander gelegte Karteikarten aus.

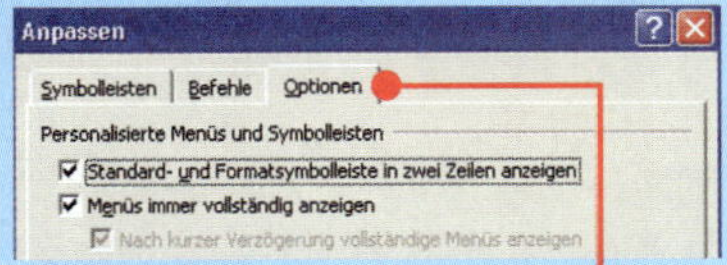

Klicken Sie einen der Registerreiter ● an, rückt die entsprechende Auswahl in den Vordergrund.

Seitenlayout-Ansicht

In der Seitenlayout-Ansicht sehen Sie Ihr Dokument so auf dem Bildschirm, wie es gedruckt aussehen würde. Diese Darstellungsform ist am besten geeignet, um Ihr Dokument zu gestalten.

Statuszeile

Die Statuszeile befindet sich am unteren Rand des Word-Programmfensters und liefert Ihnen beispielsweise Informationen über die Seitenzahl eines Dokuments.

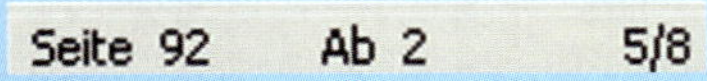

Was ist eigentlich ...

Symbolleisten

Symbole, die mitunter auch als Icons bezeichnet werden, ermöglichen die direkte Auswahl eines Befehls. Sie müssen sich also nicht durch die Menüs quälen, sondern können häufig benötigte Befehle direkt anklicken. Meistens sind Symbole zu Symbolleisten zusammengefasst.

Tabellenkalkulationsprogramm

Ein Tabellenkalkulationsprogramm ist darauf spezialisiert, Daten in Tabellenform zu verwalten. Man kann damit umfangreiche Berechnungen durchführen.

Taskleiste

Die Taskleiste befindet sich ganz unten auf Ihrem Bildschirm. Jedes geöffnete Programmfenster ist dort mit einem Eintrag vertreten.

Durch einen einfachen Mausklick auf einen dieser Einträge können Sie das zugehörige Programm blitzschnell in den Vordergrund holen. Die Bezeichnung leitet sich vom englischen Wort „task" ab, was geöffnetes Programm bedeutet.

Windows

Windows ist die Bezeichnung für die Betriebssystem-Familie der Firma Microsoft. Die derzeit aktuellste Version heißt Windows XP. Das englische Wort „Windows" bedeutet Fenster. Bereits im Namen zeigt sich also, dass Programme unter Windows in Fenstern ablaufen.

Was ist eigentlich ...

Word 2002

Word 2002 ist die offizielle Bezeichnung der aktuellsten Version der Textverarbeitung Word. Oft wird diese Version auch als Word XP bezeichnet. Es handelt sich also nicht um zwei verschiedene Programme, sondern nur um zwei verschiedene Ausdrücke.

Zeichenformatierung

Als Zeichenformatierung bezeichnet man die Gestaltung, also beispielsweise Schriftart oder Schriftgröße, von einzelnen Zeichen oder Wörtern. Davon zu unterscheiden ist die → **Absatzformatierung**.

Was ist eigentlich ...

Ziehen

Das Ziehen ist eine wichtige Maustechnik. Es bedeutet, dass man eine Markierung oder einen Anfasser anklickt, die Maustaste gedrückt hält und dann eine Ziehbewegung mit der Maus vollzieht.

Zwischenablage

Die Zwischenablage ist ein temporärer Speicher, den Sie dokument- und oft sogar programmübergreifend nutzen können. Ausführlich wird die Zwischenablage in Kapitel 5 erläutert.

Stichwortverzeichnis

Absatz 16
ausrichten 28
Absatzformatierung 116
Absatzformatvorlagen 110, 114
ändern 116
Aktivierung 10
nachträglich 10
Assistent 113, 116
Aufgabenbereich 15, 21
anzeigen 22
Autokorrektur 41, 43
anpassen 49
Ausnahmen definieren 50
Eintrag löschen 50
Autotext 51
Autoausfüllen 54
Einträge erstellen 53
Autozusammenfassen 57

Bericht
erstellen mit Dokumentvorlage 113
Bestätigungs-ID 11
Bilddatei
einfügen 88
Bilder
einscannen 85
Bildlauffeld 16
Bildlaufleisten 15
Blocksatz 29
Bundsteg 32

CD-ROM 121
Container 81

Datei 121
benennen 19
öffnen 20
speichern 18
Dateimanager 121
Dokument
speichern 18
Dokumentvorlage 110
eigene Vorlage erstellen 115
Dokumentvorlagen 113
Doppelklick 121
Drucken 98
abbrechen 98
beidseitig 32, 101
Druckbereich 99
Serienbrief 104
Skalieren 102
Drucker
auswählen 98
DVD 121, 122

Einfügemarke 16
positionieren 16
Ersetzen 67

Festplatte 122
Flattersatz 28
Formatieren 24, 27
fett 27
kursiv 27
Formatierung 122
suchen 61
übernehmen 29
Fußzeilen 34

Gehe zu 61
Grafiken
Datei einfügen 88
Textfluss 86
Grammatikprüfung 43
deaktivieren 44

Hochformat 32
Installation 7
Installations-ID 11
Internet 122
Kopfzeilen 34

Lineal 15
Linksbündig 28
Löschen 26

Markieren 24
mit der Maus 24
mit Tastatur 25
Mehrspaltig 32
Memo
erstellen mit Assistent 118
Menüleiste 15, 123

Nicht druckbare Zeichen 16
Normalansicht 30

Ordner 123

Paint 72
Papierformat 31
Peripheriegeräte 123
Product Key 8
Programmoberfläche 14

Querformat 32
Quickinfo 15

Rechtsbündig 28
Rechtschreibprüfung 42
deaktivieren 44
nachträglich 44
Rechtsklick 124
Rückgängig 27

Scannen 85
Schriftart 17, 24
Schriftgröße 17
Seite
ansteuern 61
Seitengröße 31

Seitenlayout-Ansicht 30
Seitennummerierung 36
Seitenrand 31
Seitenumbruch 38
Seitenzahlen 16, 36
Serienbrief 104
Silbentrennung 39
Skalieren 102
Spalten 32
Spaltenumbruch 39
Standarddrucker 98
Statuszeile 16, 124
Suchen 61
  Formatierung 66
  in anderen Dokumenten 72
Sonderzeichen 67
Suchen und Ersetzen 60
Symbolleiste 15
Synonym
  suchen 55

Tabelle
  anlegen 89
  ausfüllen 91
  Einträge sortieren 93
  Elemente löschen 95
  Elemente markieren 93
  löschen 95
  Spalte einfügen 91
  Zeile einfügen 92
  Zellen verbinden 92
Tabellen 89
Taskleiste 124
Text
  ausschneiden 70
  einfügen 70
  mehrspaltig 33
  suchen 61
  verschieben 70
  zusammenfassen 57
Textfluss 86
Thesaurus 54
Titelleiste 123

Übersetzen 55
Umbruch
  manuell 38
Unterstreichung 27

Word
  beenden 18
  starten 14
Word 2002 125
Word XP 124
WordArt 84
Wörterbuch
  erstellen 46
WYSIWYG 30

Zeichenformatierung 125
Zeichenformatvorlagen 114
Zeichnen 80
  dreidimensional 84
  Farben 81
  Grundformen 81
  Strichart 82
  Strichstärke 82
Zeilenumbruch 16
Zusammenfassung 57
Zwischenablage 69, 125
  Elemente löschen 70
  Formatierung 66, 122

Der Ullstein Taschenbuchverlag ist ein Unternehmen
der Econ Ullstein List Verlag GmbH & Co. KG, München
Originalausgabe

Umschlagkonzept: Buch und Werbung GmbH, Berlin
Umschlaggestaltung: Volkmar Schwengle / BuW, Berlin
Fotos: zefa
Satz: tiff.any GmbH, Berlin
Druck und Verarbeitung: GGP Media, Pößneck
Printed in Germany
ISBN 3-548-41174-6